महर्षि वाल्मीकि

एक महान संत

महर्षि वाल्मीकि

एक महान संत

वसुंधरा

First published in India in 2022 by
Rudra Publishers & Distributors

ISBN: 978-93-868291-9-1

Rudra Publishers & Distributors
S-1, 5/587, Sector-5, Vaishali,
Ghaziabad- 201002,
E-mail: rudrapubdis@gmail.com

Printed and Bound in
Delhi

₹ 499/-

अनुक्रम

भूमिका

वाल्मीकि ऋषि वैदिक काल के महान ऋषि बताए जाते हैं। धार्मिक ग्रंथ और पुराण अनुसार वाल्मीकि नें कठोर तप अनुष्ठान सिद्ध कर के महर्षि पद प्राप्त किया था। परमपिता ब्रह्मा जी की प्रेरणा और आशीर्वाद पा कर वाल्मीकि ऋषि नें भगवान श्री राम के जीवनचरित्र पर आधारित महाकाव्य रामायण की रचना की थी। ऐतिहासिक तथ्यों के मतानुसार आदिकाव्य श्रीमद वाल्मीकि रामायण जगत का सर्वप्रथम काव्य था।महर्षि वाल्मीकि नें महाकाव्य रामायण की रचना संस्कृत भाषा में की थी।

महर्षि वाल्मीकि वैदिक काल के महान ऋषियों में माने जाते हैं। वाल्मीकि जी संस्कृत भाषा के आदि कवि और आदि काव्य 'रामायण' के रचयिता के रूप में सुप्रसिद्ध हैं। उन्होंने संस्कृत मे रामायण की रचना की। महर्षि वाल्मीकि मूलतः निषाद थे, उनके द्वारा रची रामायण वाल्मीकि रामायण कहलाई। रामायण एक महाकाव्य है जो कि राम के जीवन के माध्यम से हमें जीवन के सत्य व कर्त्तव्य से, परिचित करवाता है।

–लेखक

महार्षि वाल्मीकि एक महान संत

1

महर्षि वाल्मीकि

महर्षि वाल्मीकि को प्राचीन वैदिक काल के महान ऋषियों कि श्रेणी में प्रमुख स्थान प्राप्त है। वह संस्कृत भाषा के आदि कवि और हिन्दुओं के आदि काव्य "रामायण" के रचयिता के रूप में प्रसिद्ध हैं।

महर्षि कश्यप और अदिति के नवम पुत्र वरुण (आदित्य) से इनका जन्म हुआ। इनकी माता चर्षणी और भाई भृगु थे। वरुण का एक नाम प्रचेत भी है, इसलिए इन्हें प्राचेतस् नाम से उल्लेखित किया जाता है। उपनिषद के विवरण के अनुसार यह भी अपने भाई भृगु की भांति परम ज्ञानी थे।

एक बार ध्यान में बैठे हुए वरुण–पुत्र के शरीर को दीमकों ने अपना घर बनाकर ढंक लिया था। साधना पूरी करके जब यह दीमकों के घर, जिसे वाल्मीकि कहते हैं, से बाहर निकले तो लोग इन्हें वाल्मीकि कहने लगे।

महर्षि वाल्मीकी का जीवन चरित्र

एक पौराणिक कथा के अनुसार महर्षि बनने से पूर्व वाल्मीकि रत्नाकर के नाम से जाने जाते थे तथा परिवार के पालन हेतु लोगों

को लूटा करते थे। एक बार उन्हें निर्जन वन में नारद मुनि मिले, तो रत्नाकर ने उन्हें लूटने का प्रयास किया। तब नारद जी ने रत्नाकर से पूछा कि– तुम यह निम्न कार्य किसलिए करते हो, इस पर रत्नाकर ने जवाब दिया कि अपने परिवार को पालने के लिए।

इस पर नारद ने प्रश्न किया कि तुम जो भी अपराध करते हो और जिस परिवार के पालन के लिए तुम इतने अपराध करते हो, क्या वह तुम्हारे पापों का भागीदार बनने को तैयार होंगे। इस प्रश्न का उत्तर जानने के लिए रत्नाकर, नारद को पेड़ से बांधकर अपने घर गए। वहां जाकर वह यह जानकर स्तब्ध रह गए कि परिवार का कोई भी व्यक्ति उसके पाप का भागीदार बनने को तैयार नहीं है। लौटकर उन्होंने नारद के चरण पकड़ लिए।

तब नारद मुनि ने कहा कि– हे रत्नाकर, यदि तुम्हारे परिवार वाले इस कार्य में तुम्हारे भागीदार नहीं बनना चाहते तो फिर क्यों उनके लिए यह पाप करते हो। इस तरह नारद जी ने इन्हें सत्य के ज्ञान से परिचित करवाया और उन्हें राम–नाम के जप का उपदेश भी दिया था, परंतु वह "राम" नाम का उच्चारण नहीं कर पाते थे। तब नारद जी ने विचार करके उनसे मरा–मरा जपने के लिए कहा और मरा रटते–रटते यही "राम" हो गया और निरंतर जप करते–करते हुए वह ऋषि वाल्मीकि बन गए।

वाल्मीकि रामायण

एक बार महर्षि वाल्मीकि नदी के किनारे क्रौंच पक्षी के जोड़े को निहार रहे थे, वह जोड़ा प्रेमालाप में लीन था। तभी एक व्याध ने क्रौंच पक्षी के एक जोड़े में से एक को मार दिया। नर पक्षी की मृत्यु से व्यथित मादा पक्षी विलाप करने लगी।

उसके इस विलाप को सुन कर वाल्मीकि के मुख से खुद ही

मां निषाद प्रतिष्ठां त्वमगमः शाश्वतीः समाः।

यत्क्रौंचमिथुनादेकम् अवधीः काममोहितम्।।

नामक श्लोक फूट पड़ा और यही महाकाव्य रामायण का आधार बना।

महर्षि वाल्मीकि जयंती महोत्सव

देश भर में महर्षि वाल्मीकि की जयंती को श्रद्धा और उल्लास के साथ मनाया जाता है। इस अवसर पर शोभायात्राओं का आयोजन भी होता है। महर्षि वाल्मीकि द्वारा रचित पावन ग्रंथ रामायण में प्रेम, त्याग, तप व यश की भावनाओं को महत्व दिया गया है। वाल्मीकि जी ने रामायण की रचना करके हर किसी को सद्मार्ग पर चलने की राह दिखाई।

इस अवसर पर वाल्मीकि मंदिर में पूजा अर्चना भी की जाती है तथा शोभायात्रा के दौरान मार्ग में जगह–जगह के लोग इसमें बडे उत्साह के साथ भाग लेते हैं।

झांकियों के आगे उत्साही युवक झूम–झूम कर महर्षि वाल्मीकि के प्रति अपनी श्रद्धा व्यक्त करते हैं। इस अवसर पर उनके जीवन पर आधारित झांकियां निकाली जाती हैं व राम भजन होता है। महर्षि वाल्मीकि को याद करते हुए महर्षि वाल्मीकि जयंती की पूर्व संध्या पर उनके चित्र पर माल्यार्पण करके उनको श्रद्धासुमन अर्पित किए जाते हैं।

2

रामायण में वाल्मीकि की भूमिका

एक दिन महर्षि वाल्मीकि अपने आश्रम में बैठे हुये परमपिता परमात्मा का चिन्तन कर रहे थे, तभी परम प्रभुभक्त महर्षि नारद भगवान के नाम का संकीर्तन करते हुये और वीणा की स्वर लहरी गुँजाते हुये वाल्मीकि जी के आश्रम में पहुँचे। अपने यहाँ नारद जी का पदार्पण होते देख ऋषिश्रेष्ठ वाल्मीकि अत्यंत प्रसन्न हुये और उनका सब प्रकार से आदर–सत्कार करके उन्हें बैठने के लिये उचित आसन प्रदान किया। फिर नारद जी ने कुशल–मंगल पूछकर मुनिराज भगवद् चर्चा करने लगे। सहसा उन्होंने प्रश्न किया, "हे मुनियों में श्रेष्ठ नारद जी! आप सम्पूर्ण ब्रह्माण्ड और देश–देशान्तरों में भ्रमण करते हैं, नाना प्रकार के प्राणियों के बीच विचरण करते हैं। इसलिये कृपा करके यह बताइये कि इस समय सारे भूमण्डल और नव द्वीपों में ऐसा कौन सा अपूर्व मेधावी, विद्वान, परोपकारी एवं ज्ञान विज्ञान में पारंगत, धर्मात्मा तथा समस्त सद्गुणों से परिपूर्ण व्यक्ति है जो मनुष्यमात्र का ही नहीं, चर–अचर और प्राणिमात्र का कल्याण करने के लिये सदैव तत्पर रहता हो? जिसने अपने पराक्रम और त्याग से सम्पूर्ण इन्द्रियों, विषय–वासनाओं एवं मन को वश में कर लिया हो, जो कभी क्रोध, अहंकार जैसी दुष्प्रवृतियों के वशीभूत न

होता हो? यदि ऐसा कोई महापुरुष आपकी दृष्टि में आया हो तो कृप्या सम्पूर्ण वृतान्त मुझे सांगोपांग सुनाइये। उसकी पुण्य कथा सुन कर मैं कृतार्थ होना चाहता हूँ।"

महर्षि वाल्मीकि का प्रशन सुनकर तीनों लोकों का भ्रमण करने वाले नारद जी ने कहा, "हे मुनिराज! आपने जिन गुणों का वर्णन किया है ऐसे गुणों से युक्त व्यक्ति का इस पृथ्वी तल पर मिलना अत्यंत दुर्लभ है। फिर भी एक अद्‌भुत गरिमामय व्यक्ति के चरित्र का आपके सामने करता हूँ। उसमें आपके बताये हुये सभी गुण ही नहीं हैं, बल्कि वे गुण भी हैं जिनकी आपने चर्चा नहीं की है और जो जन–साधारण की कल्पना से परे हैं। ऐसी महान विभूति का नाम रामचन्द्र है। उन्होंने वैवस्वत मनु के वंश में महाराजा इक्ष्वाकु के कुल में जन्म लिया है। वे अत्यंत वीर्यवान, तेजस्वी, विद्वान, धैर्यशील, जितेन्द्रिय, बुद्धिमान, सुंदर, पराक्रमी, दुष्टों का दमन करने वाले, युद्ध एवं नीतिकुशल, धर्मात्मा, मर्यादापुरुषोत्तम, प्रजावत्सल, शरणागत को शरण देने वाले, सर्वशास्त्रों के ज्ञाता एवं प्रतिभा सम्पन्न हैं। इस युग में तो उनके जैसा धीर, वीर, बली, विक्रमी, सत्यवक्ता, सदाचारी, गौ–ब्राह्मण–साधु प्रतिपालक, शत्रुओं और कुबुद्धि राक्षसों का विनाश करने वाला अभूतपूर्व त्यागी, कृपासिन्धु ढूंढने से भी नहीं मिलेगा। देखने में वे अत्यंत सुंदर, कामदेव को भी लज्जित करने वाले, किशलय से भी कोमल और समरभूमि में वज्र से भी कठोर हैं। कवि की सभी उपमायें उनके व्यक्तित्व के सामने हेय प्रतीत होती हैं। जैसा उनका हृदय निर्मल है, चरित्र उज्जवल है, वैसा ही उनका शरीर निर्मल एवं कांतिमय है। उनका हृदय समुद्र से भी अधिक उदार और विचार नगराज हिमालय से भी महान है।"

नारद जी द्वारा श्री रामचन्द्र जी का यह विशद वर्णन सुनकर वाल्मीकि जी बहुत अधिक प्रभावित हुये। उन्होंने नारद जी से प्रार्थना की, "मुनिराज! कृपा करके मुझे ऐसे महान पुरुष का सम्पूर्ण चरित्र एवं क्रिया–कलाप विस्तारपूर्वक सुनाइये। उन्हें सुनकर मैं अपना जीवन धन्य कारना चाहता हूँ।" उनकी प्रार्थना को स्वीकार कर के

नारद मुनि ने राम की सम्पूर्ण कथा महर्षि वाल्मीकि को संक्षेप में कह सुनाई। उन्होंने बताया कि किस प्रकार अयोध्या के राजा दशरथ के चार पुत्र राम, भरत, लक्ष्मण और शत्रुघ्न हुये, जिनमें से राम और लक्ष्मण को मुनि विश्वामित्र यज्ञ की रक्षा के लिये अपने साथ आश्रम में ले गये। फिर वे राजा जनक द्वारा आयोजित शिव धनुष यज्ञ एवं सीता स्वयंवर में भाग लेने के लिये जनकपुरी गये। सीता से विवाह कर के जब वे अयोध्या लौटे तो प्रजाहित की भावना से राजा दशरथ ने उन्हें युवराज पद देना चाहा। तभी राम की सौतेली माँ कैकेयी ने वर माँग कर राम को वनवास दिला दिया। सीता और लक्ष्मण भी उनके साथ गये। पुत्र वियोग में महाराजा दशरथ ने अपने प्राण त्याग दिये। श्रृंगवेरपुर में निवास कर राम राक्षसों का विनाश करते हुये आगे बढ़े। मार्ग में जिस प्रकार सीता का रावण द्वारा हरण हुआ, हनुमान सुग्रीव आदि से मिलाप हुआ। इसके पश्चात् जिस प्रकार राम ने बालि का वध किया और लंकापति रावण का कुल सहित नाश करके उसके भाई विभीषण को लंका का राज्य सौंपा तथा सीता सहित अयोध्या लौट आये। यह सारी राम कथा उन्होंने संक्षेप में कह सुनाई। इस कथा को सुन कर ऋषि वाल्मीकि अत्यंत प्रसन्न हुये। उन्होंने अति आदर सत्कार और पूजा करके नारद जी को विदा किया।

महर्षि नारद के चले जाने के पश्चात् वाल्मीकि जी शिष्य मंडली के साथ भ्रमण करते हुये तमसा नदी के तट पर पहुँचे। वहाँ पर वे प्राकृतिक दृश्यों का आनंद ले रहे थे कि एक निर्दयी व्याघ्र ने कामरत क्रौंच पक्षी के एक जोड़ में से नर पक्षी को मार गिराया तथा नर पक्षी के वियोग में मादा पक्षी क्रन्दन करने लगी। इस दृश्य ने वाल्मीकि के हृदय को व्यथा और करुणा से परिपूर्ण कर दिया। अनायास ही उनके मुख से व्याघ्र के लिये ये शाप निकल गया – अरे बहेलिये, तू ने काममोहित मैथुनरत क्रौंच पक्षी को मारा है। जा तुझे कभी भी प्रतिष्ठा की प्राप्ति नहीं हो पायेगी।

इस घटना के कारण वाल्मीकि का हृदय अशांत रहने लगा।

इसी अशांत अवस्था के मध्य एक दिन उनके आश्रम में ब्रह्मा जी पधारे। महर्षि वाल्मीकि ने ब्रह्मा जी की अभ्यर्थना तथा समुचित आदर सत्कार करने के पश्चात् अपनी अशांति के विषय में उन्हें बताया। इस पर ब्रह्मा जी ने कहा, "हे मुनिराज! आप श्री राम के चरित्र का काव्यमय गुणगान करके ही इस अशांति को दूर कर सकते हैं। आपके इस काव्य से न केवल आपकी अशांति ही दूर होगी वरन् वह काव्य समस्त संसार के लिये भी हितकारी होगा। इस कार्य को पूर्ण करने के लिये मेरा आशीर्वाद सदैव आपके साथ रहेगा।"

ब्रह्मा जी के इस प्रस्ताव को गम्भीरता पूर्वक स्वीकार कर उनके चले जाने के पश्चात् दत्तचित्त होकर वाल्मीकि जी राम का चरित्र लेखन में व्यस्त हो गये।

3

वाल्मीकि रामायण

विवरण "रामायण" लगभग चौबीस हजार श्लोकों का एक अनुपम महाकाव्य है, जिसके माध्यम से रघु वंश के राजा राम की गाथा कही गयी है।

रचनाकार महर्षि वाल्मीकि

रचनाकाल त्रेता युग

भाषा संस्कृत

मुख्य पात्र राम, लक्ष्मण, सीता, हनुमान, सुग्रीव, अंगद, मेघनाद, विभीषण, कुम्भकर्ण और रावण।

सात काण्ड बालकाण्ड, अयोध्याकाण्ड, अरण्यकाण्ड, किष्किन्धाकाण्ड, सुन्दरकाण्ड, युद्धकाण्ड (लंकाकाण्ड), उत्तराकाण्ड।

संबंधित लेख रामचरितमानस, रामलीला, पउम चरिउ, रामायण सामान्य ज्ञान, भरत मिलाप।

अन्य जानकारी रामायण के सात काण्डों में कथित सर्गों की गणना करने पर सम्पूर्ण रामायण में 645 सर्ग मिलते हैं। सर्गानुसार

श्लोकों की संख्या 23,440 आती है, जो 24,000 से 560 श्लोक कम है।

रामायण वाल्मीकि द्वारा लिखा गया संस्कृत का एक अनुपम महाकाव्य है, जिसका हिन्दू धर्म में बड़ा ही महत्त्वपूर्ण स्थान है। इसके 24,000 श्लोक हिन्दू स्मृति का वह अंग हैं, जिसके माध्यम से रघुवंश के राजा राम की गाथा कही गयी। इसे "वाल्मीकि रामायण" या "बाल्मीकि रामायण" भी कहा जाता है। रामायण के सात अध्याय हैं, जो काण्ड के नाम से जाने जाते हैं।

रचनाकाल

कुछ भारतीय द्वारा यह माना जाता है कि यह महाकाव्य 600 ई. पू. से पहले लिखा गया। उसके पीछे युक्ति यह है कि महाभारत जो इसके पश्चात आया, बौद्ध धर्म के बारे में मौन है। यद्यपि उसमें जैन, शैव, पाशुपत आदि अन्य परम्पराओं का वर्णन है। अतः रामायण गौतम बुद्ध के काल के पूर्व का होना चाहिये। भाषा–शैली से भी यह पाणिनि के समय से पहले का होना चाहिये। रामायण का पहला और अन्तिम कांड संभवतः बाद में जोड़ा गया था। अध्याय दो से सात तक ज्यादातर इस बात पर बल दिया जाता है कि राम भगवान विष्णु के अवतार थे। कुछ लोगों के अनुसार इस महाकाव्य में यूनानी और कई अन्य सन्दर्भों से पता चलता है कि यह पुस्तक दूसरी सदी ईसा पूर्व से पहले की नहीं हो सकती, पर यह धारणा विवादास्पद है। 600 ई.पू. से पहले का समय इसलिये भी ठीक है कि बौद्ध जातक रामायण के पात्रों का वर्णन करते हैं, जबकि रामायण में जातक के चरित्रों का वर्णन नहीं है।

हिन्दू कालगणना के अनुसार रचनाकाल

रामायण का समय त्रेतायुग का माना जाता है। भारतीय कालगणना के अनुसार समय को चार युगों में बाँटा गया है–

- सतयुग
- त्रेतायुग
- द्वापर युग
- कलियुग

एक कलियुग 4,32,000 वर्ष का, द्वापर 8,64,000 वर्ष का, त्रेता युग 12,96,000 वर्ष का तथा सतयुग 17,28,000 वर्ष का होता है। इस गणना के अनुसार रामायण का समय न्यूनतम 8,70,000 वर्ष (वर्तमान कलियुग के 5,250 वर्ष. बीते द्वापर युग के 8,64,000 वर्ष) सिद्ध होता है। बहुत से विद्वान इसका तात्पर्य ई.पू. 8,000 से लगाते हैं जो आधारहीन है। अन्य विद्वान इसे इससे भी पुराना मानते हैं।

वाल्मीकि द्वारा श्लोकबद्ध

वाल्मीकि

सनातन धर्म के धार्मिक लेखक तुलसीदास जी के अनुसार सर्वप्रथम श्रीराम की कथा भगवान शंकर ने माता पार्वती को सुनायी थी। जहाँ पर भगवान शंकर पार्वती को भगवान श्रीराम की कथा सुना रहे थे, वहाँ कागा (कौवा) का एक घोसला था और उसके भीतर बैठा कागा भी उस कथा को सुन रहा था। कथा पूरी होने के पहले ही माता पार्वती को नींद आ गई, पर उस पक्षी ने पूरी कथा सुन ली। उसी पक्षी का पुनर्जन्म काकभुशुंडी के रूप में हुआ। काकभुशुंडी ने यह कथा गरुड़ को सुनाई। भगवान शंकर के मुख से निकली श्रीराम की यह पवित्र कथा "अध्यात्म रामायण" के नाम से प्रख्यात है। "अध्यात्म रामायण" को ही विश्व का सर्वप्रथम रामायण माना जाता है। हृदय परिवर्तन हो जाने के कारण एक दस्यु से ऋषि बन जाने तथा ज्ञानप्राप्ति के बाद वाल्मीकि ने भगवान श्रीराम के इसी वृतान्त को पुनः श्लोकबद्ध किया। महर्षि वाल्मीकि के द्वारा श्लोकबद्ध भगवान श्रीराम की कथा को "वाल्मीकि रामायण" के नाम से जाना

जाता है। वाल्मीकि को आदिकवि कहा जाता है तथा वाल्मीकि रामायण को "आदि रामायण" के नाम से भी जाना जाता है।

भारत में विदेशियों की सत्ता हो जाने के बाद संस्कृत का ह्रास हो गया और भारतीय लोग उचित ज्ञान के अभाव तथा विदेशी सत्ता के प्रभाव के कारण अपनी ही संस्कृति को भूलने लग गये। ऐसी स्थिति को अत्यन्त विकट जानकर जनजागरण के लिये महाज्ञानी सन्त तुलसीदास ने एक बार फिर से श्रीराम की पवित्र कथा को देसी भाषा में लिपिबद्ध किया। सन्त तुलसीदास ने अपने द्वारा लिखित भगवान राम की कल्याणकारी कथा से परिपूर्ण इस ग्रंथ का नाम "रामचरितमानस" रखा। सामान्य रूप से "रामचरितमानस" को "तुलसी रामायण" के नाम से जाना जाता है। कालान्तर में भगवान श्रीराम की कथा को अनेक विद्वानों ने अपने अपने बुद्धि, ज्ञान तथा मतानुसार अनेक बार लिखा है। इस तरह से अनेकों रामायणों की रचनाएँ हुई हैं।

काण्ड

धनुष भंग करते राम, द्वारा – राजा रवि वर्मा

रामायण के सात अध्याय हैं जो काण्ड के नाम से जाने जाते हैं:–

- बालकाण्ड
- अयोध्याकाण्ड
- अरण्यकाण्ड
- किष्किन्धाकाण्ड
- सुन्दरकाण्ड
- युद्धकाण्ड (लंकाकाण्ड)
- उत्तराकाण्ड
- सर्ग तथा श्लोक

इस प्रकार सात काण्डों में वाल्मीकि ने रामायण को निबद्ध किया है। उपर्युक्त काण्डों में कथित सर्गों की गणना करने पर सम्पूर्ण रामायण में 645 सर्ग मिलते हैं। सर्गानुसार श्लोकों की संख्या 23,440 आती है जो 24,000 से 560 श्लोक कम है।

बालकाण्ड

भूमिका

एक दिन महर्षि वाल्मीकि अपने आश्रम में बैठे हुये परमपिता परमात्मा का चिन्तन कर रहे थे, तभी परम प्रभु भक्त महर्षि नारद भगवान के नाम का संकीर्तन करते हुये और वीणा की स्वर लहरी गुँजाते हुये वाल्मीकि जी के आश्रम में पहुँचे। अपने यहाँ नारद जी का पदार्पण होते देख ऋषि श्रेष्ठ वाल्मीकि अत्यंत प्रसन्न हुये और उनका सब प्रकार से आदर–सत्कार करके उन्हें बैठने के लिये उचित आसन प्रदान किया। फिर नारद जी ने कुशल–मंगल पूछकर मुनिराज भगवद् चर्चा करने लगे। सहसा उन्होंने प्रश्न किया, "हे मुनियों में श्रेष्ठ नारद जी! आप सम्पूर्ण ब्रह्माण्ड और देश–देशान्तरों में भ्रमण करते हैं, नाना प्रकार के प्राणियों के बीच विचरण करते हैं। इसलिये कृपा करके यह बताइये कि इस समय सारे भूमण्डल और नव द्वीपों में ऐसा कौन सा अपूर्व मेधावी, विद्वान, परोपकारी एवं ज्ञान विज्ञान में पारंगत, धर्मात्मा तथा समस्त सद्गुणों से परिपूर्ण व्यक्ति है जो मनुष्य मात्र का ही नहीं, चर–अचर और प्राणिमात्र का कल्याण करने के लिये सदैव तत्पर रहता हो? जिसने अपने पराक्रम और त्याग से सम्पूर्ण इन्द्रियों, विषय–वासनाओं एवं मन को वश में कर लिया हो, जो कभी क्रोध, अहंकार जैसी दुष्प्रवृतियों के वशीभूत न होता हो? यदि ऐसा कोई महापुरुष आपकी दृष्टि में आया हो तो कृ पया सम्पूर्ण वृतान्त मुझे सांगोपांग सुनाइये। उसकी पुण्य कथा सुन कर मैं कृतार्थ होना चाहता हूँ।"

महर्षि वाल्मीकि का प्रश्न सुनकर तीनों लोकों का भ्रमण करने वाले नारद जी ने कहा, "हे मुनिराज! आपने जिन गुणों का वर्णन

किया है ऐसे गुणों से युक्त व्यक्ति का इस पृथ्वी तल पर मिलना अत्यंत दुर्लभ है। फिर भी एक अद्‌भुत गरिमामय व्यक्ति के चरित्र का आपके सामने करता हूँ। उसमें आपके बताये हुये सभी गुण ही नहीं हैं, बल्कि वे गुण भी हैं जिनकी आपने चर्चा नहीं की है और जो जन–साधारण की कल्पना से परे हैं। ऐसी महान विभूति का नाम रामचन्द्र है।

उन्होंने वैवस्वतमनु के वंश में महाराजा इक्ष्वाकु के कुल में जन्म लिया है। वे अत्यंत वीर्यवान, तेजस्वी, विद्वान, धैर्यशील, जितेन्द्रिय, बुद्धिमान, सुंदर, पराक्रमी, दुष्टों का दमन करने वाले, युद्ध एवं नीतिकुशल, धर्मात्मा, मर्यादा पुरुषोत्तम, प्रजावत्सल, शरणागत को शरण देने वाले, सर्वशास्त्रों के ज्ञाता एवं प्रतिभा सम्पन्न हैं। इस युग में तो उनके जैसा धीर, वीर, बली, विक्रमी, सत्य वक्ता, सदाचारी, गौ–ब्राह्मण–साधु प्रतिपालक, शत्रुओं और कुबुद्धि राक्षसों का विनाश करने वाला अभूतपूर्व त्यागी, कृपासिन्धु ढूंढने से भी नहीं मिलेगा। देखने में वे अत्यंत सुंदर, कामदेव को भी लज्जित करने वाले, किशलय से भी कोमल और समरभूमि में वज्र से भी कठोर हैं। कवि की सभी उपमायें उनके व्यक्तित्व के सामने हेय प्रतीत होती हैं। जैसा उनका हृदय निर्मल है, चरित्र उज्जवल है, वैसा ही उनका शरीर निर्मल एवं कांतिमय है। उनका हृदय समुद्र से भी अधिक उदार और विचार नगराज हिमालय से भी महान है।"

नारद जी द्वारा श्री रामचन्द्र जी का यह विशद् वर्णन सुनकर वाल्मीकि जी बहुत अधिक प्रभावित हुये। उन्होंने नारद जी से प्रार्थना की, "मुनिराज! कृपा करके मुझे ऐसे महान पुरुष का सम्पूर्ण चरित्र एवं क्रिया–कलाप विस्तारपूर्वक सुनाइये। उन्हें सुनकर मैं अपना जीवन धन्य कारना चाहता हूँ।"

उनकी प्रार्थना को स्वीकार कर के नारद मुनि ने राम की सम्पूर्ण कथा महर्षि वाल्मीकि को संक्षेप में कह सुनाई। इस कथा को सुन कर ऋषि वाल्मीकि अत्यंत प्रसन्न हुए। उन्होंने अति आदर सत्कार और पूजा करके नारद जी को विदा किया।

महर्षि नारद के चले जाने के पश्चात् वाल्मीकि जी शिष्य मंडली के साथ भ्रमण करते हुये तमसा नदी के तट पर पहुँचे। वहाँ पर वे प्राकृतिक दृश्यों का आनंद ले रहे थे कि एक निर्दयी व्याघ्र ने कामरत क्रौंच पक्षी के एक जोड़ में से नर पक्षी को मार गिराया तथा नर पक्षी के वियोग में मादा पक्षी क्रन्दन करने लगी। इस दृश्य ने वाल्मीकि के हृदय को व्यथा और करुणा से परिपूर्ण कर दिया। अनायास ही उनके मुख से व्याघ्र के लिये ये शाप निकल गया – अरे बहेलिये, तू ने काममोहित मैथुनरत क्रौंच पक्षी को मारा है, जा तुझे कभी भी प्रतिष्ठा की प्राप्ति नहीं हो पायेगी।

इस घटना के कारण वाल्मीकि का हृदय अशांत रहने लगा। इसी अशांत अवस्था के मध्य एक दिन उनके आश्रम में ब्रह्मा जी पधारे। महर्षि वाल्मीकि ने ब्रह्मा जी की अभ्यर्थना तथा समुचित आदर सत्कार करने के पश्चात् अपनी अशांति के विषय में उन्हें बताया। इस पर ब्रह्मा जी ने कहा,"हे मुनिराज! आप श्री राम के चरित्र का काव्यमय गुणगान करके ही इस अशांति को दूर कर सकते हैं। आपके इस काव्य से न केवल आपकी अशांति ही दूर होगी वरन् वह काव्य समस्त संसार के लिये भी हितकारी होगा। इस कार्य को पूर्ण करने के लिये मेरा आशीर्वाद सदैव आपके साथ रहेगा।"

ब्रह्मा जी के इस प्रस्ताव को गम्भीरता पूर्वक स्वीकार कर उनके चले जाने के पश्चात् दत्तचित्त होकर वाल्मीकि जी श्री राम का चरित्र लेखन में व्यस्त हो गये।

राम–कथा प्रारम्भ

कौशल प्रदेश, जिसकी स्थापना वैवस्वत मनु ने की थी, पवित्र सरयू नदी के तट पर स्थित है। सुन्दर एवं समृद्ध अयोध्या नगरी इस प्रदेश की राजधानी है। वैवस्वत मनु के वंश में अनेक शूरवीर, पराक्रमी, प्रतिभाशाली तथा यशस्वी राजा हुये जिनमें से राजा दशरथ भी एक थे। राजा दशरथ वेदों के मर्मज्ञ, धर्मप्राण, दयालु, रणकुशल, और प्रजापालक थे। उनके राज्य में प्रजा कष्टरहित,

सत्यनिष्ठ एवं ईश्वर भक्त थी। उनके राज्य में किसी का किसी के भी प्रति द्वेषभाव का सर्वथा अभाव था।

एक दिन दर्पण में अपने कृष्णवर्ण केशों के मध्य एक श्घ्वेत रंग के केश को देखकर महाराज दशरथ विचार करने लगे कि अब मेरे यौवन के दिनों का अंत निकट है और अब तक मैं निःसंतान हूँ। मेरा वंश आगे कैसे बढ़ेगा तथा किसी उत्तराधिकारी के अभाव में राज्य का क्या होगा? इस प्रकार विचार करके उन्होंने पुत्र प्राप्ति हेतु पुत्रयेष्ठि यज्ञ करने का संकल्प किया। अपने कुलगुरु वशिष्ठ जी को बुलाकर उन्होंने अपना मन्तव्य बताया तथा यज्ञ के लिये उचित विधान बताने की प्रार्थना की।

उनके विचारों को उचित तथा युक्तियुक्त जान कर गुरु वशिष्ठ जी बोले, "हे राजन् पुत्रयेष्ठि यज्ञ करने से अवश्य ही आपकी मनोकामना पूर्ण होगी ऐसा मेरा विश्वास है। अतः आप शीघ्रातिशीघ्र अश्वमेध यज्ञ करने तथा इसके लिये एक सुन्दर श्यामकर्ण अश्व छोड़ने की व्यवस्था करें।" गुरु वशिष्ठ की मन्त्रणा के अनुसार शीघ्र ही महाराज दशरथ ने सरयू नदी के उत्तरी तट पर सुसज्जित एवं अत्यन्त मनोरम यज्ञशाला का निर्माण करवाया तथा मन्त्रियों और सेवकों को सारी व्यवस्था करने की आज्ञा दे कर महाराज दशरथ ने रनिवास में जा कर अपनी तीनों रानियों कौशल्या, कैकेयी और सुमित्रा को यह शुभ समाचार सुनाया। महाराज के वचनों को सुन कर सभी रानियाँ प्रसन्न हो गईं।

राम, लक्ष्मण, भरत व शत्रुन का जन्म

मन्त्रीगणों तथा सेवकों ने महाराज की आज्ञानुसार श्यामकर्ण घोड़ा चतुरंगिनी सेना के साथ छुड़वा दिया। महाराज दशरथ ने देश देशान्तर के मनस्वी, तपस्वी, विद्वान ऋषि–मुनियों तथा वेदविज्ञ प्रकाण्ड पण्डितों को यज्ञ सम्पन्न कराने के लिये बुलावा भेज दिया। निश्चित समय आने पर समस्त अभ्यागतों के साथ महाराज दशरथ अपने गुरु वशिष्ठ जी तथा अपने परम मित्र अंग देश के अधिपति

लोभपाद के जामाता ऋंग ऋषि को लेकर यज्ञ मण्डप में पधारे। इस प्रकार महान यज्ञ का विधिवत शुभारम्भ किया गया। सम्पूर्ण वातावरण वेदों की ऋचाओं के उच्च स्वर में पाठ से गूँजने तथा समिधा की सुगन्ध से महकने लगा। समस्त पण्डितों, ब्राह्मणों, ऋषियों आदि को यथोचित धन–धान्य,गौ आदि भेंट कर के सादर विदा करने के साथ यज्ञ की समाप्ति हुई। राजा दशरथ ने यज्ञ के प्रसाद चरा को अपने महल में ले जाकर अपनी तीनों रानियों में वितरित कर दिया। प्रसाद ग्रहण करने के परिणामस्वरूप परमपिता परमात्मा की कृपा से तीनों रानियों ने गर्भधारण किया।

जब चौत्र मास के शुक्ल पक्ष की नवमी तिथि को पुनर्वसु नक्षत्रमें सूर्य, मंगल शनि, वृहस्पति तथा शुक्र अपने–अपने उच्च स्थानों में विराजमान थे, कर्क लग्न का उदय होते ही महाराज दशरथ की बड़ी रानी कौशल्या के गर्भ से एक शिशु का जन्म हुआ जो कि श्यामवर्ण, अत्यन्त तेजोमय, परम कान्तिवान तथा अद्भुत सौन्दर्यशाली था। उस शिशु को देखने वाले ठगे से रह जाते थे। इसके पश्चात् शुभ नक्षत्रों औरशुभ घड़ी में महारानी कैकेयी के एक तथा तीसरी रानी सुमित्रा के दो तेजस्वी पुत्रों का जन्म हुआ। सम्पूर्ण राज्य में आनन्द मनाया जाने लगा।

महाराज के चार पुत्रों के जन्म के उल्लास में गन्धर्व गान करने लगे और अप्सरायें नृत्य करने लगीं। देवता अपने विमानों में बैठ कर पुष्प वर्षा करने लगे। महाराज ने उन्मुक्त हस्त से राजद्वार पर आये हुये भाट, चारण तथा आशीर्वाद देने वाले ब्राह्मणों और याचकों को दान दक्षिणा दी। पुरस्कार में प्रजा – जनों को धन – धान्य तथा दरबारियों को रत्न, आभूषण तथा उपाधियाँ प्रदान किया गया। चारों पुत्रों का नामकरण संस्कार महर्षि वशिष्ठ के द्वारा कराया गया तथा उनके नाम रामचन्द्र, भरत, लक्ष्मण और शत्रुघ्न रखे गये।

आयु बढ़ने के साथ ही साथ रामचन्द्र गुणों में भी अपने भाइयों से आगे बढ़ने तथा प्रजा में अत्यंत लोकप्रिय होने लगे। उनमें अत्यन्त विलक्षण प्रतिभा थी जिसके परिणामस्वरूप अल्प काल में ही वे

समस्त विषयों में पारंगत हो गये। उन्हें सभी प्रकार के अस्त्र–शस्त्रों को चलाने तथा हाथी, घोड़े एवं सभी प्रकार के वाहनों की सवारी में उन्हें असाधारण निपुणता प्राप्त हो गई। वे निरन्तर माता–पिता और गुरुजनों की सेवा में लगे रहते थे। उनका अनुसरण शेष तीन भाई भी करते थे। गुरुजनों के प्रति जितनी श्रद्धा भक्ति इन चारों भाइयों में थी उतना ही उनमें परस्पर प्रेम और सौहार्द भी था। महाराज दशरथ का हृदय अपने चारों पुत्रों को देख कर गर्व और आनन्द से भर उठता था।

महर्षि विश्वामित्र का आगमन

एक दिन अयोध्यापति महाराज दशरथ के दरबार में यथोचित आसन पर गुरु वशिष्ठ, मन्त्रीगण और दरबारीगण बैठे थे। अयोध्या नरेश ने गुरु वशिष्ठ से कहा, "हे गुरुदेव! जीवन तो क्षणभंगुर है और मैं वृद्धावस्था की ओर अग्रसर होते जा रहा हूँ। राम, भरत, लक्ष्मण और शत्रुघ्न चारों ही राजकुमार अब वयस्क भी हो चुके हैं। मेरी इच्छा है कि इस शरीर को त्यागने के पहले राजकुमारों का विवाह देख लूँ। अतः आपसे निवेदन है कि इन राजकुमारों के लिये योग्य कन्याओं की खोज करवायें।"

महाराज दशरथ की बात पूरी होते ही द्वारपाल ने ऋषि विश्वामित्र के आगमन की सूचना दी। स्वयं राजा दशरथ ने द्वार तक जाकर विश्वामित्र की अभ्यर्थना की और आदरपूर्वक उन्हें दरबार के अन्दर ले आये तथा गुरु वशिष्ठ के पास ही आसन देकर उनका यथोचित सत्कार किया। कुशलक्षेम पूछने के पश्चात् राजा दशरथ ने विनम्र वाणी में ऋषि विश्वामित्र से कहा, "हे मुनिश्रेष्ठ! आपके दर्शन से मैं कृतार्थ हुआ तथा आपके चरणों की पवित्र धूलि से यह राजदरबार और सम्पूर्ण अयोध्यापुरी धन्य हो गई। अब कृपा करके आप अपने आने का प्रयोजन बताइए। किसी भी प्रकार की आपकी सेवा करके मैं स्वयं को अत्यंत भाग्यशाली समझूँगा।"

राजा के विनयपूर्ण वचनों को सुनकर मुनि विश्वामित्र बोले, "हे

राजन् आपने अपने कुल की मर्यादा के अनुरूप ही वचन कहे हैं। इक्ष्वाकु वंश के राजाओं की श्रद्धा भक्ति गौ, ब्राह्मण और ऋषि–मुनियों के प्रति सदैव ही रही है। मैं आपके पास एक विशेष प्रयोजन से आया हूँ, समझिये कि कुछ माँगने के लिये आया हूँ। यदि आप मुझे वांछित वस्तु देने का वचन दें तो मैं अपनी माँग आपके सामने प्रस्तुत करूँ। आप के वचन न देने की दशा में मैं बिना कुछ माँगे ही वापस लौट जाऊँगा।"

महाराज दशरथ ने कहा, "हे ब्रह्मर्षि! आप निःसंकोच अपनी माँग रखें। सम्पूर्ण विश्व जानता है कि रघुकुल के राजाओं का वचन ही उनकी प्रतिज्ञा होती है। आप माँग तो मैं अपना शीश काट कर भी आपके चरणों में रख सकता हूँ।"

उनके इन वचनों से आश्वस्त ऋषि विश्वामित्र बोले, "राजन् मैं अपने आश्रम में एक यज्ञ कर रहा हूँ। इस यज्ञ के पूर्णाहुति के समय मारीच और सुबाहु नाम के दो राक्षस आकर रक्त, माँस आदि अपवित्र वस्तुएँ यज्ञ वेदी में फेंक देते हैं। इस प्रकार यज्ञ पूर्ण नहीं हो पाता। ऐसा वे अनेक बार कर चुके हैं। मैं उन्हें अपने तेज से श्राप देकर नष्ट भी नहीं कर सकता क्योंकि यज्ञ करते समय क्रोध करना वर्जित है। मैं जानता हूँ कि आप मर्यादा का पालन करने वाले, ऋषि मुनियों के हितैषी एवं प्रजावत्सल राजा हैं। मैं आपसे आपके ज्येष्ठ पुत्र राम को माँगने के लिये आया हूँ ताकि वह मेरे साथ जाकर राक्षसों से मेरे यज्ञ की रक्षा कर सके और मेरा यज्ञानुष्ठान निर्विघ्न पूरा हो सके। मुझे पता है कि राम आसानी के साथ उन दोनों का संहार कर सकते हैं। अतः केवल दस दिनों के लिये राम को मुझे दे दीजिये। कार्य पूर्ण होते ही मैं उन्हें सकुशल आप के पास वापस पहुँचा दूँगा।"

विश्वामित्र की बात सुनकर राजा दशरथ को अत्यन्त विषाद हुआ। ऐसा लगने लगा कि अभी वे मूर्छित हो जायेंगे। फिर स्वयं को संभाल कर उन्होंने कहा, "मुनिवर! राम अभी बालक है। राक्षसों का सामना करना उसके लिये सम्भव नहीं होगा। आपके यज्ञ की रक्षा करने के लिये मैं स्वयं ही जाने को तैयार हूँ।"

विश्वामित्र बोले, "राजन् आप तनिक भी सन्देह न करें कि राम उनका सामना नहीं कर सकते। मैंने अपने योगबल से उनकी शक्तियों का अनुमान लगा लिया है। आप निःशंक होकर राम को मेरे साथ भेज दीजिये।"

इस पर राजा दशरथ ने उत्तर दिया, "हे मुनिश्रेष्ठ! राम ने अभी तक किसी राक्षस के माया प्रपंचों को नहीं देखा है और उसे इस प्रकार के युद्ध का अनुभव भी नहीं है। जब से उसने जन्म लिया है, मैंने उसे अपनी आँखों के सामने से कभी ओझल भी होने नहीं दिया है। उसके वियोग से मेरे प्राण निकल जावेंगे। आपसे विनय है कि कृपा करके मुझे ससैन्य चलने की आज्ञा दें।"

पुत्रमोह से ग्रसित होकर राजा दशरथ को अपनी प्रतिज्ञा से विचलित होते देख ऋषि विश्वामित्र आवेश में आ गये। उन्होंने कहा, "राजन्! मैं नहीं जानता था कि रघुकुल में अब प्रतिज्ञा पालन करने की परम्परा समाप्त हो गई है। यदि जानता होता तो मैं कदापि नहीं आता। लो मैं अब चला जाता हूँ।" बात समाप्त होते होते उनका मुख क्रोध से लाल हो गया।

विश्वामित्र को इस प्रकार क्रुद्ध होते देख कर दरबारी एवं मन्त्रीगण भयभीत हो गये और किसी प्रकार के अनिष्ट की कल्पना से वे काँप उठे। गुरु वशिष्ठ ने राजा को समझाया, "हे राजन् पुत्र के मोह में ग्रसित होकर रघुकुल की मर्यादा, प्रतिज्ञा पालन और सत्यनिष्ठा को कलंकित मत कीजिये। मैं आपको परामर्श देता हूँ कि आप राम के बालक होने की बात को भूल कर एवं निःशंक होकर राम को मुनिराज के साथ भेज दीजिये। महामुनि अत्यन्त विद्वान, नीतिनिपुण और अस्त्र–शस्त्र के ज्ञाता हैं। मुनिवर के साथ जाने से राम का किसी प्रकार से भी अहित नहीं हो सकता उल्टे वे इनके साथ रह कर शस्त्र और शास्त्र विद्याओं में अत्यधिक निपुण हो जायेंगे तथा उनका कल्याण ही होगा।"

गुरु वशिष्ठ के वचनों से आश्वस्त होकर राजा दशरथ ने राम को बुला भेजा। राम के साथ साथ लक्ष्मण भी वहाँ चले आये। राजा

दशरथ ने राम को ऋषि विश्वामित्र के साथ जाने की आज्ञा दी। पिता की आज्ञा शिरोधार्य करके राम के मुनिवर के साथ जाने के लिये तैयार हो जाने पर लक्ष्मण ने भी ऋषि विश्वामित्र से साथ चलने के लिये प्रार्थना की और अपने पिता से भी राम के साथ जाने के लिये अनुमति माँगी। अनुमति मिल जाने पर राम और लक्ष्मण सभी गुरुजनों से आशीर्वाद ले कर ऋषि विश्वामित्र के साथ चल पड़े।

समस्त अयोध्यावासियों ने देख कि मन्द धीर गति से जाते हुये मुनिश्रेष्ठ विश्वामित्र के पीछे पीछे कंधों पर धनुष और तरकस में बाण रखे दोनों भाई राम और लक्ष्मण ऐसे लग रहे थे मानों ब्रह्मा जी के पीछे दोनों अश्विनी कुमार चले जा रहें हों। अद्‌भुत् कांति से युक्त दोनों भाई गोह की त्वचा से बने दस्ताने पहने हुये थे, हाथों में धनुष और कटि में तीक्ष्ण धार वाली कृपाणें शोभायमान हो रहीं थीं। ऐसा प्रतीत होता था मानो स्वयं शौर्य ही शरीर धारण करके चले जा रहे हों।

लता विटपों के मध्य से होते हुये छः कोस लम्बा मार्ग पार करके वे पवित्र सरयू नदी के तट पर पहुँचे। मुनि विश्वामित्र ने स्नेहयुक्त मधुर वाणी में कहा, "हे वत्स! अब तुम लोग सरयू के पवित्र जल से आचमन स्नानादि करके अपनी थकान दूर कर लो, फिर मैं तुम्हें प्रशिक्षण दूँगा। सर्वप्रथम मैं तुम्हें बला और अतिबला नामक विद्याएँ सिखाऊँगा।" इन विद्याओं के विषय में राम के द्वारा जिज्ञासा प्रकट करने पर ऋषि विश्वामित्र ने बताया, "ये दोनों ही विद्याएँ असाधारण हैं। इन विद्याओं में पारंगत व्यक्तियों की गिनती संसार के श्रेष्ठ पुरुषों में होती है। विद्वानों ने इन्हें समस्त विद्याओं की जननी बताया है। इन विद्याओं को प्राप्त करके तुम भूख और प्यास पर विजय पा जाओगे। इन तेजोमय विद्याओं की सृष्टि स्वयं ब्रह्मा जी ने की है। इन विद्याओं को पाने का अधिकारी समझ कर मैं तुम्हें इन्हें प्रदान कर रहा हूँ।"

राम और लक्ष्मण के स्नानादि से निवृत होने के पश्चात् विश्वामित्र जी ने उन्हें इन विद्याओं की दीक्षा दी। इन विद्याओं के

प्राप्त हो जाने पर उनके मुख मण्डल पर अद्भुत् कान्ति आ गई। तीनों ने सरयू तट पर ही विश्राम किया। गुरु की सेवा करने के पश्चात् दोनों भाई तृण शैयाओं पर सो गये।

कामदेव का आश्रम

दूसरे दिन ब्रह्म–मुहूर्त्त में निद्रा त्याग कर मुनि विश्वामित्र तृण शैयाओं पर विश्राम करते हुये राम और लक्ष्मण के पास जा कर बोले, "हे राम और लक्ष्मण! जागो। रात्रि समाप्त हो गई है। कुछ ही काल में प्राची में भगवान भुवन–भास्कर उदित होने वाले हैं। जिस प्रकार वे अन्धकार का नाश कर समस्त दिशाओं में प्रकाश फैलाते हैं उसी प्रकार तुम्हें भी अपने पराक्रम से राक्षसों का विनाश करना है। नित्य कर्म से निवृत होओ, सन्ध्या–उपासना करो। अग्निहोत्रादि से देवताओं को प्रसन्न करो। आलस्य को त्यागो और शीघ्र उठ जाओ क्योंकि अब सोने का समय नहीं है।" गुरु की आज्ञा प्राप्त होते ही दोनों भाइयों ने शैया त्याग दिया और नित्यकर्म एवं स्नान–ध्यान आदि से निवृत होकर मुनिवर के साथ गंगा तट की ओर चल दिये।

वे गंगा और सरयू के संगम, जहाँ पर ऋषि–मुनियों तथा तपस्वियों के शान्त व सुन्दर आश्रम बने हुये थे, पर पहुँचे । एक अत्यधिक सुन्दर आश्रम को देखकर रामचन्द्र ने गुरु विश्वामित्र से पूछा, "हे गुरुवर! यह परम रमणीक आश्रम किन महर्षि का निवास स्थान हैं?"

राम के प्रश्न के उत्तर में ऋषि विश्वामित्र ने बताया, "हे राम! यह एक विशेष आश्रम है। पूर्व काल में कैलाशपति महादेव ने यहाँ घोर तपस्या की थी। सम्पूर्ण विश्व उनकी तपस्या को देखकर विचलित हो उठा था। उनकी तपस्या से देवराज इन्द्र भयभीत हो गए और उन्होंने शंकर जी के तप को भंग करने का निश्चय किया। इस कार्य के लिये उन्होंने कामदेव को नियुक्त कर दिया। भगवान शिव पर कामदेव ने एक के बाद एक कई बाण छोड़े जिससे उनकी तपस्या में बाधा पड़ी। क्रुद्ध होकर महादेव ने अपना तीसरा नेत्र खोल

दिया। उस तीसरे नेत्र की तेजोमयी ज्वाला से जल कर कामदेव भस्म हो गए। देवता होने के कारण कामदेव की मृत्यु नहीं हुई केवल शरीर ही नष्ट हुआ। इस प्रकार अंग नष्ट हो जाने के कारण उसका नाम अनंग हो गया और इस स्थान का नाम अंगदेश पड़ गया। यह भगवान शिव का आश्रम है किन्तु भगवान शिव के द्वारा यहाँ पर कामदेव को भस्म कर देने के कारण इसे कामदेव का आश्रम भी कहते हैं।"

गुरु विश्वामित्र की आदेशानुसार सभी ने वहीं रात्रि विश्राम करने का निश्चय किया। राम और लक्ष्मण दोनों भाइयों ने वन से कंद–मूल–फल लाकर मुनिवर को समर्पित किये और गुरु के साथ दोनों भाइयों ने प्रसाद ग्रहण किया।

तत्पश्चात्स्नान, सन्ध्या–उपासना आदि से निवृत होकर राम और लक्ष्मण गुरु विश्वामित्र से अनेक प्रकार की कथाएँ तथा धार्मिक प्रवचन सुनते रहे। अन्त में गुरु की यथोचित सेवा करने के पश्चात् आज्ञा पाकर वे परम पवित्र गायत्री मन्त्र का जाप करते हुये तृण शैयाओं पर जा विश्राम करने लगे।

ताड़का वध

प्रातःकाल स्नान, सन्ध्योपासनादि कार्यों से निवृत होकर राम और लक्ष्मण गुरु विश्वामित्र के साथ सरितातट पर पहुँचे। एक वनवासी मुनि ने विश्वामित्र के साथ दो सुकुमार बालकों को देखा तथा उनका परिचय प्राप्त कर वे एक छोटी सी सुन्दर नौका ले आये और विश्वामित्र से बोले, "हे मुनिराज! आप इन राजकुमारों के साथ इस नौका पर बैठ कर सरिता पार कर लीजिए।" विश्वामित्र जी ने उस मुनि को धन्यवाद दिया और राम तथा लक्ष्मण के साथ नौका पर सवार हो गए। इस प्रकार वे, सागर से मिलन की आतुरता में कलकल नाद के साथ दौड़ती जा रही, उस नदी को पार कर गये।

नदी के उस पार एक भयानक वन था। उस वन को देखकर राम बोले, "गुरुदेव! यह वन तो बड़ा भयंकर है। सभी ओर से सिंह,

व्याघ्र आदि हिंसक पशुओं के दहाड़ने और हाथियों के चिंघाड़ने की ध्वनि आ रही हैं। जंगली सूअर, भालू, वन भैंसें आदि वन्य प्राणी भ्रमण करते दृष्टिगत हो रहे हैं। वृक्षों की सघनता के कारण सूर्य का प्रकाश इस वन के भीतर घुसने का साहस नहीं कर पा रहा है और इसी कारणवश चारों ओर अन्धकार हो रहा है। इस अति दुर्गम वन का क्या नाम है?"

राम के इस प्रश्न का उत्तर विश्वामित्र ने इस प्रकार दिया,"हे राघव! पूर्व काल में इस स्थान में वन न होकर मलदा और करुप नाम के दो बड़े समृद्ध राज्य हुआ करते थे। दोनों ही राज्य ऊँची ऊँची अट्टालिकाओं, वीथिकाओं तथा सुन्दर पथों से सुशोभित थे तथा धन–धान्य और समृद्धि से परिपूर्ण थे। दूर दूर के व्यापारी यहाँ पर व्यापार करने आया करते थे। किन्तु ताड़का नामक एक यक्ष कन्या ने उन दोनों राज्यों का विनाश कर दिया।"

ऋषि विश्वामित्र ने आगे बताया, "ताड़का कोई साधारण स्त्री न होकर सुन्द नाम के राक्षस की पत्नी और मारीच नामक राक्षस की माता है। उसके शरीर में हजार हाथियों के बराबर बल है और वह अत्यन्त पराक्रमी और शक्तिशाली है। इस प्रदेश को नष्ट करने के पश्चात् ताड़का ने अपने पुत्र मारीच के साथ मिलकर यहाँ के समस्त निवासियों को मार कर खा डाला। अब उनके भय से यहाँ दो दो कोस दूर तक किसी मनुष्य की परछाईं भी दिखाई नहीं देती। भूलवश यदि कोई यहाँ आ भी जाये तो जीवित नहीं लौट पाता। उसी ताड़का का संहार करने के लिये ही मैं तुम्हें यहाँ लाया हूँ।"

राम ने आश्चर्य से पूछा, "गुरुदेव! स्त्रियाँ तो कोमल और दुर्बल होती हैं, फिर ताड़का में हजार हाथियों का बल कैसे आ गया? ऐसा प्रतीत होता है कि अवश्य कुछ न कुछ रहस्य है।"

विश्वामित्र बोले, "वत्स! तुम्हारा कथन सत्य है और वास्तव में इसके पीछे एक रहस्य है। सुकेतु नाम का एक अत्यंत बलवान यक्ष था। वह सन्तानहीन था। अतः सन्तान प्राप्ति के उद्देश्य से उसने ब्रह्मा जी की कठोर तपस्या की। उसकी तपस्या से प्रसन्न होकर

ब्रह्मा जी ने उसे सन्तान होने का वरदान दे दिया परिणामस्वरूप ताड़का का जन्म हुआ। सुकेतु के द्वारा ताड़का के अत्यंत बली होने का वर माँगने पर ब्रह्मा जी ने उसके शरीर में हजार हाथियों का बल दे दिया। विवाह योग्य आयु होने पर सुकेतु ने ताड़का का विवाह सुन्द नामक राक्षस से कर दिया और उससे मारीच का जन्म हुआ। मारीच भी अपनी माता के समान बलवान और पराक्रमी था। वह सुन्द राक्षस का पुत्र होकर भी स्वयं राक्षस नहीं था किन्तु बाल्यकाल में वह बहुत उपद्रवी था।

ऋषि मुनियों को अकारण कष्ट दिया करता था। उसके उपद्रवों से त्रस्त होकर एक दिन अगस्त्य मुनि ने उसे राक्षस हो जाने का शाप दे दिया। अपने पुत्र के राक्षस गति प्राप्त हो जाने से सुन्द अत्यन्त क्रोधित हो गया और अगस्त्य ऋषि को मारने दौड़ा। इस पर अगस्त्य ऋषि ने शाप देकर सुन्द को तत्काल भस्म कर दिया। अपने पति की मृत्यु का बदला लेने के लिये ताड़का भी अगस्त्य ऋषि पर झपटी। इस पर अगस्त्य ऋषिने शाप दे कर ताड़का के सौन्दर्यको नष्ट कर दिया और वह अत्यंत कुरूप हो गई।

अपनी कुरूपता को देखकर और अपने पति की मृत्यु का बदला लेने के लिये ताड़का ने अगस्त्य मुनि के आश्रम को नष्ट करने का संकल्प किया है। अतः हे राम! मैं तुम्हें आज्ञा देता हूँ कि तुम ताड़का का वध करो। तुम्हारे अतिरिक्त इसका वध कोईभी नहीं कर सकता। अपने मन से यह विचार निकाल दो कि यह स्त्री है और स्त्री का वध मैं कैसे करूँ। स्त्री के रूप में यह एक घोर पाप है और पाप को नष्ट करने में कोई पाप नहीं होता। समस्त संशय को त्याग कर मेरी आज्ञा से तुम इस पापिनी का संहार कर दो।"

राम ने कहा, "गुरुदेव! आपकी आज्ञा मुझे शिरोधार्य है। समस्त मानवों के कल्याण के लिये मैं अवश्य ही ताड़का का वध करूँगा।" इतना कह कर राम ने अपने धनुष पर बाण रख कर उसकी प्रत्यंचा को कान तक खींच कर भयंकर टंकार किया। टंकार से उत्पन्न ध्वनि से समस्त वन प्रान्त गुंजायमान हो उठा। वन्य प्राणी भयभीत होकर

इधर उधर भागने लगे। इस प्रकार की अप्रत्याशित खलबली मची देखकर ताड़का क्रोध से भर उठी। धनुष ताने राम को देखते ही इस विचार से कि कोई अपरिचित कुमार उसके साम्राज्य पर आधिपत्य करना चाहता है वह क्रोध से पागल हो गई।

राम पर आक्रमण करने के लिये वह तीव्र गति से उन पर झपटी। ताड़का को अपनी ओर आते देख कर राम ने लक्ष्मण से कहा, "हे सौमित्र! ताड़ के वृक्ष जैसी विशाल और विकराल मुख वाली इस राक्षसी का शरीर कितना कुरूप है। इसकी मुख मुद्रा देख कर ही प्रतीत होता है कि यह बड़ी हिंसक है और निरीह प्राणियों की हत्या करके उनका रक्तपान करने में इसे बहुत आनन्द आता होगा। तुम एक तरफ सावधान होकर खड़े हो जाओ और देखो कि कैसे इसे मैं अभी यमलोक भेजता हूँ।"

विकराल देहधारिणी ताड़का अपने बड़े बड़े दाँत चमकाती, भुजाओं को फैलाये हुये द्रुतगामी बिजली की तरह राम और लक्ष्मण पर अत्यन्त तीव्रता के साथ झपटी। राम इस भयंकर आक्रमण के लिये पहले से ही तत्पर थे, उन्होंने तीक्ष्ण बाण चला कर उसके हृदय को छलनी कर दिया। उसके वक्षस्थल से गर्म गर्म रक्त की धारा प्रवाहित हो उठी।

वह आक्रमण करने के लिये पुनः टूट पड़े इससे पूर्व ही राम ने एक और बाण चला दिया जो सीधे उसके वक्षमें जाकर लगा। वह पीड़ा से चीखती हुई चक्कर खाकर भूमि पर गिर पड़ी और अगले ही क्षण उसके प्राण पखेरू उड़ गये। राम के इस रण कौशल और ताड़का की मृत्यु से ऋषि विश्वामित्र अत्यंत प्रसन्न हुये। उनके मुख से रामचन्द्र के लिये आशीर्वचन निकलने लगे।

गुरु की आज्ञा से वहीं पर सभी ने रात्रि व्यतीत किया। प्रातः काल उन्होंने देखा कि ताड़का के आतंक से मुक्ति पा जाने के कारण उस वन की भयंकरता और विकरालता समाप्त हो चुकी है। कुछ समय तक उस वन की शोभा निहारने के उपरान्त स्नान–पूजनसे निवृत हो कर वे महर्षि विश्वामित्र के आश्रम की ओर चल पड़े।

अयोध्याकाण्ड

राम के राजतिलक की घोषणा

कैकेय पहुँच कर भरत अपने भाई शत्रुघ्न के साथ आनन्दपूर्वक अपने दिन व्यतीत करने लगे। भरत के मामा अश्वपति उनसे उतना ही प्रेम करते थे जितना कि उनके पिता राजा दशरथ। मामा के इस स्नेह के कारण उन्हें यही लगता था मानो वे ननिहाल में न होकर अयोध्या में हों। इतने पर भी उन्हें समय–समय पर अपने पिता का स्मरण हो आता था और वे उनके दर्शनों के लिये आतुर हो उठते थे। राजा दशरथ की भी यही दशा थी। यद्यपि राम और लक्ष्मण उनके पास रहते हुये सदैव उनकी सेवा में संलग्न रहते थे, फिर भी वे भरत और शत्रुघ्न से मिलने के लिये अनेक बार व्याकुल हो उठते थे।

समय व्यतीत होने के साथ राम के सद्बुणों का निरन्तर विस्तार होते जा रहा था। राजकाज से समय निकाल कर आध्यात्मिक स्वाध्याय करते थे। वेदों का सांगोपांग अध्ययन करना और सूत्रों के रहस्यों का समझ कर उन पर मनन करना उनका स्वभाव बन गया था। दुखियों पर दया और दुष्टों का दमन करने के लिये सदैव तत्पर रहते थे। वे जितने दयालु थे, उससे भी कई गुना कठोर वे दुष्टों को दण्ड देने में थे। वे न केवल मन्त्रियों की नीतियुक्त बातें ही सुनते थे बल्कि अपनी ओर से भी उन्हें तर्क सम्मत अकाट्य युक्तियाँ प्रस्तुत करके परामर्श भी दिया करते थे। अनेक युद्धों में उन्होंने सेनापति का दायित्व संभालकर दुर्द्धुर्ष शत्रुओं को अपने पराक्रम से परास्त किया था। जिस स्थान में भी वे भ्रमण और देशाटन के लिये गये वहाँ के प्रचलित रीति–रिवाजों, सांस्कृतिक धारणाओं का अध्ययन किया, उन्हें समझा और उनको यथोचित सम्मान दिया। उनके क्रिया कलापों ऐसे थे कि लोगों को विश्वास हो गया कि रामचन्द्र क्षमा में पृथ्वी के समान, बुद्धि–विवेक में बृहस्पति के समान और शक्ति में साक्षात् देवताओं के अधिपति इन्द्र के समान हैं। न केवल प्रजा वरन स्वयं राजा दशरथ के मस्तिष्क में यह बात स्थापित हो गई थी कि जब भी

राम अयोध्या के सिंहासन को सुशोभित करेंगे, उनका राज्य अपूर्व सुखदायक होगा और वे अपने समय के सर्वाधिक योग्य एवं आदर्श नरेश सिद्ध होंगे।

राजा दशरथ अब शीघ्रातिशीघ्र राम का राज्याभिषेक कर देना चाहते थे। उन्होंने मन्त्रियों को बुला कर कहा, "हे मन्त्रिगण! अब मैं वृद्ध हो चला हूँ और रामचन्द्र राज सिंहासन पर बैठनेके योग्य हो गये हैं। मेरी प्रबल इच्छा है कि शीघ्रातिशीघ्र राम का अभिषेक कर दूँ। अपने इस विचार पर आप लोगों की सम्मति लेने के लिये ही मैंने आप लोगों को यहाँ पर बुलाया है, कृपया आप सभी अपनी सम्मति दीजिये।"

राजा दशरथ के इस प्रस्ताव को सभी मन्त्रियों ने प्रसन्नतापूर्वक स्वीकार किया। शीघ्र ही राज्य भर में राजतिलक की तिथि की घोषणा कर दी गई और देश–देशान्तर के राजाओं को इस शुभ उत्सव में सम्मिलित होने के लिये निमन्त्रण पत्र भिजवा दिये गये। थोड़े ही दिनों में देश–देश के राजा महाराजा, वनवासी ऋषि–मुनि, अनेक प्रदेश के विद्वान तथा दर्शकगण इस अनुपम उत्सव में भाग लेने के लिये अयोध्या में आकर एकत्रित हो गये। आये हुये सभी अतिथियों का यथोचित स्वागत सत्कार हुआ तथा समस्त सुविधाओं के साथ उनके ठहरने की व्यस्था कर दी गई।

निमन्त्रण भेजने का कार्य की उतावली में मन्त्रीगण मिथिला पुरी और महाराज कैकेय के पास निमन्त्रण भेजना ही भूल गये। राजतिलक के केवल दो दिवस पूर्व ही मन्त्रियों को इसका ध्यान आया। वे अत्यन्त चिन्तित हो गये और डरते–डरते अपनी भूल के विषय में महाराज दशरथ को बताया। यह सुनकर महाराज को बहुत दुःख हुआ किन्तु अब कर ही क्या सकते थे? सभी अतिथि आ चुके थे इसलिये राजतिलक की तिथि को टाला भी नहीं जा सकता था। अतएव वे बोले, "अब जो हुआ सो हुआ, परन्तु बात बड़ी अनुचित हुई है। अस्तु वे लोग घर के ही आदमी हैं, उन्हें बाद में सारी स्थिति समझाकर मना लिया जायेगा।"

राजतिलक की तैयारी

दूसरे दिन राजा दशरथ के दरबार में सभी देशों के राजा लोग उपस्थित थे। सभी को सम्बोधित करते हुये दशरथ ने कहा, "हे नृपगण! मैं अपनी और अयोध्यावासियों की ओर से आप सभी का हार्दिक स्वागत करता हूँ। आपको ज्ञात ही है कि अयोध्या नगरी में अनेक पीढ़ियों से इक्ष्वाकु वंश का शासन चलता आ रहा है। इस परम्परा को निर्वाह करते हुए मैं अब अयोध्या का शासन–भार अपने सभी प्रकार से योग्य, वीर, पराक्रमी, मेधावी, धर्मपरायण और नीतिनिपुण ज्येष्ठ पुत्र राम को सौंपना चाहता हूँ। अपने शासन काल में मैंने अपनी प्रजा को हर प्रकार से सुखी और सम्पन्न बनाने का प्रयास किया है। अब मैं वृद्ध हो गया हूँ और इसी कारण से मैं प्रजा के कल्याण के लिये अधिक सक्रिय रूप से कार्य करने में स्वयं को असमर्थ पा रहा हूँ। मुझे विश्वास है कि राम अपने कौशल और बुद्धिमत्ता से प्रजा को मुझसे भी अधिक सुखी रख सकेगा। अपने इस विचार को कार्यान्वित करने के लिये मैंने राज्य के ब्राह्मणों, विद्वानों एवं नीतिज्ञों से अनुमति ले ली है। वे सभी मेरे इस विचार से सहमत हैं और उन्हे विश्वास है कि राम शत्रुओं के आक्रमणों से भी देश की रक्षा करने में सक्षम है। राम में राजत्व के सभी गुण विद्यमान हैं। उनकी दृष्टि में राम अयोध्या का ही नहीं वरन् तीनों लोकों का राजा होने की भी योग्यता रखता है। इस राज्य के लिये आप लोगों की सम्मति भी अत्यन्त महत्वपूर्ण है। अतः आप लोग इस विषय में अपनी सम्मति प्रदान करें।" महाराज दशरथ के इस प्रकार कहने पर वहाँ पर उपस्थित सभी राजाओं ने प्रसन्नतापूर्वक राम के राजतिलक के लिये अपनी सम्मति दे दी।

राजा दशरथ ने कहा, "आप लोगों की सम्मति पाकर मैं अत्यंत प्रसन्न हूँ। क्योंकि चौत्र मास, जो सब मासों में श्रेष्ठ मधुमास कहलाता है, चल रहा है, कल ही राम के राजतिलक के उत्सव का आयोजन किया जाय। मैं मुनिश्रेष्ठ वशिष्ठ जी से प्रार्थना करता हूँ कि वे राम के राजतिलक की तैयारी का प्रबन्ध करें।"

राजा दशरथ की प्रार्थना को स्वीकार कर के राजगुरु वशिष्ठ जी ने सम्बन्धित अधिकारियों को आज्ञा दी कि वे यथाशीघ्र स्वर्ण, रजत, उज्वल माणिक्य, सुगन्धित औषधियों, श्वेत सुगन्धियुक्त मालाओं, लाजा, घृत, मधु, उत्तम वस्त्रादि एकत्रित करने का प्रबन्ध करें। चतुरंगिणी सेना को सुसज्जित रहने का आदेश दें। स्वर्ण हौदों से सजे हुये हाथियों, श्ध्वेत चँवरों, सूर्य का प्रतीक अंकित ध्वजाओं और परम्परा से चले आने वाले श्वेत निर्मल छत्र, स्वर्ण निर्मित सौ घोड़े, स्वर्ण मण्डित सींगों वाले साँड, सिंह की अक्षुण्ण त्वचा आदि का शीघ्र प्रबन्ध करें। सुसज्जित वेदी का निर्माण करें। इस प्रकार अन्य और जितने भी आवश्यक निर्देश थे, उन्होंने सम्बंधित अधिकारियों को दे दिये। इसके पश्चात् राजा दशरथ ने प्रधानमन्त्री सुमन्त से राम को शीघ्र लिवा लाने के लिए कहा।

महाराज की आज्ञा के अनुसार सुमन्त रामचन्द्र जी को रथ में अपने साथ बिठा कर लिवा लाये। अत्यन्त श्रद्धा के साथ राम ने पिता को प्रणाम किया और उपस्थित जनों का यथोचित अभिवादन किया। राजा दशरथ ने राम को अपने निकट बिठाया और मुस्कुराते हुये कहा, "हे राम! तुम्हारे गुणों से समस्त प्रजाजन प्रसन्न है। इसलिये मैंने निश्चय किया है किस मैं कल तुम्हारा राजतिलक दर दूँगा। इरा विषय में मैंने ब्राह्मणों, मन्त्रियों, विद्वानों एवं समस्त राजा–महाराजाओं की भी सम्मति प्राप्त कर लिया है। इस अवसर पर मैं तम्हें अपने अनुभव से प्राप्त कुछ सीख देना चाहता हूँ। सबसे पहली बात तो यह है कि तुम कभी विनयशीलता का त्याग मत करना। इन्द्रियों को सदा अपने वश में रखना। अपने मन्त्रियों के हृदय में उठने वाले विचारों को प्रत्यक्ष रूप से जानने और समझने का प्रयास करना। प्रजा को सदैव सन्तुष्ट और सुखी रखने का प्रयास करना। यदि मेरी कही इन बातों का तुम अनुसरण करोगे तो तुम सब प्रकार की विपत्तियों से सुरक्षित रहोगे और लोकप्रियता अर्जित करते हुये निष्कंटक राजकाज चला सकोगे। यह सिद्धांत की बात है कि जो राजा अपनी प्रजा को प्रसन्न और सुखी रखने के लिये सदैव प्रयत्नशील रहता है, उसका संसार में कोई शत्रु नहीं होता। यदि कोई व्यक्ति स्वार्थवश उसका

अनिष्ट करना भी चाहे तो भी वह अपने उद्देश्य में सफलता नहीं प्राप्त कर सकता क्योंकि ऐसे राजा को अपनी प्रजा एवं मित्रों का हार्दिक समर्थन प्राप्त होता है।"

पिता से यह उपयोगी शिक्षा प्राप्त करके राम ने स्वयं को धन्य माना और उन्होंने अपने पिता को आश्वासन दिया कि वे अक्षरशः इन बातों का पालन करेंगे। दास–दासियों ने राजा के मुख से राम का राजतिलक करने की बात सुनी तो वे प्रसन्नता से उछलते हुये महारानी कौशल्या के पास जाकर उन्हें यह शुभ संवाद सुनाया जिसे सुनकर उनका रोम–रोम पुलकित हो गया। इस शुभ समाचार के सुनाने वालों को उन्होंने बहुत सा स्वर्ण, वस्त्राभूषण देकर मालामाल कर दिया।

कैकेयी कोपभवन में

राम के राजतिलक का शुभ समाचार अयोध्या के घर–घर में पहुँच गया। पूरी नगरी में प्रसन्नता की लहर फैल गई। घर–घर में मंगल मनाया जाने लगा। स्त्रियाँ मधुर स्वर में रातभर मंगलगान करती रहीं। सूर्योदय होने पर नगरवासी अपने–अपने घरों को ध्वाजा–पताका, वन्दनवार आदि से सजाने लगे। हाट बाजारों को भाँति भाँति के सुगन्धित एवं रंग–बिरंगे पुष्पों से सजाया गया। गवैये, नट, नर्तक आदि अपने आश्चर्यजनक करतब दिखाकर नगरवासियों का मनोरंजन करने लगे। स्थान स्थान में कदली–स्तम्भों के द्वार बनाये गए। ऐसा प्रतीत होने लगा कि अयोध्या नगरी नववधू के समान ऋंगार कर राम के रूप में वर के आगमन की प्रतीक्षा कर रही है।

किन्तु राम के राजतिलक का समाचार सुनकर एवं नगर की इस अद्भुत् श्रृंगार को देखकर रानी कैकेयी कि प्रिय दासी मंथरा के ह्रदय को असहनीय आघात लगा। वह सोचने लगी कि यदि कौशल्या का पुत्र राजा बन जायेगा तो कौशल्या को राजमाता का पद प्राप्त हो जायेगा और कौशल्या की स्थिति अन्य रानियों की

स्थिति से श्रेष्ठ हो जायेगी। ऐसी स्थिति में उसकी दासियाँ भी स्वयं को मुझसे श्रेष्ठ समझने लगेंगीं। वर्तमान में कैकेयी राजा की सर्वाधिक प्रिय रानी है और इसी कारण से महारानी कैकेयी का ही राजमहल पर शासन चलता है। कैकेयी की दासी होने का श्रेय प्राप्त होने के कारण राजप्रासाद की अन्य दासियाँ मेरा सम्मान करती हैं। यदि कौशल्या राजमाता बन जायेगी तो मेरा यह स्थान मुझसे छिन जायेगा। मैं यह सब कुछ सहन नहीं कर सकती। अतः इस विषय में अवश्यही मुझे कुछ करना चाहिये।

ऐसा विचार करके मंथरा ने अपने प्रासाद में लेटी हुई कैकेयी के पास जाकर कहा, "महारानी! आप सो रही हैं? यह समय क्या सोने का है? क्या आपको पता है कि कल राम का युवराज के रूप में अभिषेक होने वाला है?" मंथरा के मुख से राम के राजतिलक का समाचार सुनकर कैकेयी को अत्यंत प्रसन्नता हुई। समाचार सुनाने की खुशी में कैकेयी ने मंथरा को पुरस्कार स्वरूप एक बहुमूल्य आभूषण दिया और कहा, "मंथरे! तू अत्यन्त प्रिय समाचार ले कर आई है। तू तो जानती ही है कि राम मुझे बहुत प्रिय है। इस समाचार को सुनाने के लिये तू यदि और भी जो कुछ माँगेगी तो मैं वह भी तुझे दूँगी।"

कैकेयी के वचनों को सुन कर मंथरा अत्यन्त क्रोधित हो गई। उसका तन–बदन जल–भुन गया। पुरस्कार में दिये गये आभूषण को फेंकते हुये वो बोली, "महारानी आप बहुत नासमझ हैं। स्मरण रखिये कि सौत का बेटा शत्रु के जैसा होता है। राम का अभिषेक होने पर कौशल्या को राजमाता का पद मिल जायेगा और आपकी पदवी उसकी दासी के जैसी हो जायेगी। आपका पुत्र भरत भी राम का दास हो जायेगा। भरत के दास हो जाने पर पर आपकी बहू को भी एक दासी की ही पदवी मिलेगी।"

यह सुनकर कैकेयी ने कहा, "मंथरा, राम महाराज के ज्येष्ठ पुत्र हैं और प्रजा में अत्यन्त लोकप्रिय हैं। अपने सद्‌गुणों के कारण वे सभी भाइयों से श्रेष्ठ भी हैं। राम और भरत भी एक दूसरे को भिन्न

नहीं मानते क्योंकि उनके बीच अत्यधिक प्रेम है। राम अपने सभी भाइयों को अपने ही समान समझते हैं इसलिये राम को राज्य मिलना भरत को राज्य मिलने के जैसा ही है।"

यह सब सुनकर मंथरा और भी दुःखी हो गई। वह बोली, "किन्तु महारानी! आप यह नहीं समझ रही हैं कि राम के बाद राम के पुत्र को ही अयोध्या का राजसिंहासन प्राप्त होगा तथा भरत को राज परम्परा से अलग होना पड़ जायेगा। यह भी हो सकता है कि राज्य मिल जाने पर राम भरत को राज्य से निर्वासित कर दें या यमलोक ही भेज दें।"

अपने पुत्र के अनिष्ट की आशंका की बात सुनकर कैकेयी का हृदय विचलित हो उठा। उसने मंथरा से पूछा, "ऐसी स्थिति में मुझे क्या करना चाहिये?"

मंथरा ने उत्तर दिया, "आपको स्मरण होगा कि एक बार देवासुर संग्राम के समय महाराज दशरथ आपको साथ लेकर युद्ध में इन्द्र की सहायता करने के लिये गये थे। उस युद्ध में असुरों के अस्त्र–शस्त्रों से महाराज दशरथ का शरीर जर्जर हो गया था और वे मूर्छित हो गये थे। उस समय सारथी बन कर आपने उनकी रक्षा की थी। आपकी उस सेवा के बदले में उन्होंने आपको दो वरदान दो वरदान प्रदान किया था जिसे कि आपने आज तक नहीं माँगा है। अब आप एक वर से भरत का राज्याभिषेक और दूसरे वर से राम के लिये चौदह वर्ष तक का वनवास माँग कर अपना मनोरथ सिद्ध्ध कर लीजिये। शीघ्रातिशीघ्र आप मलिन वस्त्र धारण कर कोपभवन में चले जाइये। महाराज आपको बहुत अधिक चाहते हैं इसलिए वे अवश्य ही आपको मनाने का प्रयत्न करेंगे और आपके द्वारा माँगने पर उन दोनों वरों को देने के लिये तैयार हो जायेंगे। किन्तु स्मरण रखें कि वर माँगने के पूर्व उनसे वचन अवश्य ले लें जिससे कि वे उन वरदानों को देने के लिये बाध्य हो जायें।"

मंथरा के कथन के अनुसार कैकेयी कोपभवन में जाकर लेट गई।

कैकेयी का वरदान लेना

उल्लासित महाराज दशरथ ने शीघ्रातिशीघ्र राजकार्यों को सम्पन्न किया और राम के राजतिलक का शुभ समाचार सुनाने के लिये अपनी सबसे प्रिय रानी कैकेयी के के प्रासाद में पहुँचे। कैकेयी को अपने महल में न पाकर राजा दशरथ ने उसके विषय में एक दासी से पूछा। दासी से ज्ञात हुआ कि रुष्ट होकर महारानी कैकेयी कोपभवन में गई हैं। महाराज चिन्तित हो गए। उन्होंने कोपभवन में जाकर देखा कि उनकी प्राणप्रिया मलिन वस्त्र धारण किये, केश बिखराये, भूमि पर अस्त–व्यस्त पड़ी है। उनकी इस अवस्था को देखकर आश्चर्यचकित राजा दशरथ ने कहा, "प्राणेश्वरी! मुझसे ऐसा क्या अनिष्ट हुआ है कि क्रुद्ध होकर तुम कोपभवन में आई हो? यदि तुम किसी बात से दुःखी हो तो मुझे बताओ। मैं तुम्हारे कष्ट का निवारण अवश्य करूँगा।"

महाराज के इस प्रकार मनुहार करने पर कैकेयी बोलीं, "प्राणनाथ! मेरी एक अभिलाषा है। किन्तु यदि आप उसे पूरी करने की शपथ पूर्वक प्रतिज्ञा करेंगे तभी मैं आपको अपनी अभिलाषा के विषय में बताऊँगी।"

महाराज दशरथ ने मुस्कुराते हुये कहा, "केवल इतनी सी बात के लिये तुम कोपभवन में चली आईं हो? मुझे बताओ, तुम्हारी क्या इच्छा है। मैं तत्काल उसे पूरा करता हूँ।"

इस पर कैकेयी बोली, "महाराज! पहले आप सौगन्ध लीजिये कि आप मेरी अभिलाषा अवश्य पूरी करेंगे।"

इस पर महाराजा दशरथ ने कहा, "हे प्राणप्रिये! इस संसार में मुझे राम से अधिक प्रिय और कोई नहीं है। मैं राम की ही सौगन्ध लेकर वचन देता हूँ कि तुम्हारी जो भी मनोकामना होगी, उसे मैं तत्काल पूरी करूँगा। महाराज सौगन्ध लेने से आश्वस्त हो जाने पर कैकेयी बोली, "आपको स्मरण होगा कि देवासुर संग्राम के समय आपके मूर्छित हो जाने पर मैंने आपकी रक्षा की थी और प्रसन्न होकर

आपने मुझे दो वर देने की प्रतिज्ञा की थी। उन दोनों वरों को मैं आज माँगना चाहती हूँ। पहला वर तो मुझे यह दें कि आप राम के स्थान पर मेरे पुत्र भरत का राजतिलक करें और दूसरा वर मैं यह माँगती हूँ कि राम को चौदह वर्ष के लिये वन जाने की आज्ञा दें। मेरी इच्छा है कि आज ही राम वल्कल पहनकर वनवासियों की भाँति वन के लिये प्रस्थान करे। अब आप अपनी प्रतिज्ञा पूरी करें क्योंकि आप सूर्यवंशी हैं और सूर्यवंश मेंअपनी प्रतिज्ञा का पालन प्राणों की बलि देकर भी किया जाता है।"

कैकेयी के इन वचनों को सुनकर राजा दशरथ का हृदय चूर–चूर हो गया। उन्हे असह्य पीड़ा हुई और वे मूर्छित होकर गिर पड़े। कुछ काल बाद जब उनकी मूर्छा भंग हुईतो वे क्रोध और वेदना से काँपते हुये बोले, "रे कुलघातिनी! न जाने मुझसे ऐसा कौन सा अपराध हुआ है जिसका तूने इतना भयंकर प्रतिशोध लिया है। पतिते! नीच! राम तो तुझ पर कौशल्या से भी अधिक श्रद्धा रखता है। फिर भी तू उसका जीवन नष्ट करने के लिये कटिबद्ध हो गई है। प्रजा को अत्यन्त प्रिय राम को बिना किसी अपराध के मैं भला कैसे निर्वासित कर सकता हूँ? तू अच्छी तरह से जानती है कि मैं अपने प्राण त्याग सकता हूँ किन्तु राम का वियोग नहीं सह सकता। मैं तुझसे विनती करता हूँ कि राम के वनवास की बात के बदले तू कुछ और माँग ले। मैं तुझे विश्ध्वास दिलाता हूँ कि मैं तेरी माँग अवश्य पूरी करूँगा।"

महाराज दशरथ के इन दीन वचनों को सुनकर कैकेयी तनिक भी द्रवित नहीं हुई। वह बोली, "राजन्! ऐसा कहकर आप अपने वचन से हट रहे हैं। यह आपको शोभा नहीं देता। आप सूर्यवंशी हैं, अपनी प्रतिज्ञा पूरी कीजिये। प्रतिज्ञा से हटकर स्वयं को और सूर्यवंश को कलंकित मत कीजिये। आपके द्वारा अपना वचन नहीं निभाये जाने पर मैं तत्काल आपके सम्मुख ही विष पीकर अपने प्राण त्याग दूँगी। यदि ऐसा हुआ तो आप प्रतिज्ञा भंग करने के साथ ही साथ स्त्री–हत्या के भी दोषी हो जायेंगे। अतः उचित यही है कि आप अपनी प्रतिज्ञा पूरी करें।"

राजा दशरथ बारम्बार मूर्छित होते रहे और मूर्छा समाप्त होने पर कातर भाव से कैकेयी को मनाने का प्रयत्न करते रहे। इस प्रकार पूरी रात बीत गई। अम्बर में उषा की लालिमा फैलने लगी जिसे देखकर कैकेयी ने उग्ररूप धारण कर लिया और कहा, "राजन्! आप व्यर्थ ही समय व्यतीत कर रहे हैं। उचित यही है कि आप तत्काल राम को वन जाने की आज्ञा दीजिये और भरत के राजतिलक की घोषणा करवाइये।"

सूर्योदय हो जाने पर गुरु वशिष्ठ मन्त्रियों के साथ राजप्रासाद के द्वार पर पहुँचे और महामन्त्री सुमन्त को महाराज के पास जाकर अपने आगमन की सूचना देने के लिये कहा। कैकेयी एवं दशरथ के संवाद से अनजान सुमन्त ने महाराज के पास जाकर कहा, "हे राजाधिराज! रात्रि का समापन हो गया है और गुरु वशिष्ठ का आगमन भी हो चुका है। अतएव आप शैया त्याग कर गुरु वशिष्ठ के पास चलिये।"

सुमन्त के इन वचनो को सुनकर महाराज दशरथ को पुनः असह्य वेदना का अनुभव हुआ तथा वे फिर से मूर्छित हो गये। उनके इस प्रकार मूर्छित होने पर कुटिल कैकेयी बोली, "हे महामन्त्री! अपने प्रिय पुत्र के राज्याभिषेक के उल्लास के कारण महाराज रात भर सो नहीं सके हैं। उन्हें अभी–अभी ही तन्द्रा आई है। महाराज निद्रा से जागते ही राम को कुछ आवश्यक निर्देश देना चाहते हैं। तुम शीघ्र जाकर राम को यहीं बुला लाओ।"

कैकेयी के आदेशानुसार सुमन्त रामचन्द्र को उनके महल से बुला लाये।

राम का वनवास

राम ने अपने पिता दशरथ एवं माता कैकेयी के चरण स्पर्श किये। रामको देखकर महाराज ने एक दीर्घ श्वास और केवल "हे राम!" कहा फिर अत्यधिक निराश होने के कारण चुप हो गये। उनके नेत्रों में अश्रु भर आए। विनम्र स्वर में राम ने कैकेयी से पूछा, "माता!

पिताजी की ऐसी दशा का क्या कारण है? कहीं वे मुझसे अप्रसन्न तो नहीं हैं? यदि वे मुझसे अप्रसन्न हैं तो मेरा क्षणमात्र भी जीना व्यर्थ है।"

कैकेयी बोलीं, "वत्स! महाराज तुमसे अप्रसन्न तो हो ही नहीं सकते। किन्तु इनके हृदय में एक विचार आया है जो कि तुम्हारे विरुद्ध है। इसीलिये ये तुमसे संकोचवश कह नहीं पा रहे हैं। देवासुर संग्राम के समय इन्होंने मुझे दो वर देने का वचन दिया था। अवसर पाकर आज मैंने इनसे वे दोनों वर माँग लिये हैं। अब तुम्हारे पिता को अपनी प्रतिज्ञा का निर्वाह करने के लिए तुम्हारी सहायता की आवश्यकता है। यदि तुम प्रतिज्ञा करोगे कि जो कुछ मैं कहूँगी, उसका तुम अवश्य पालन करोगे तो मैं तुम्हें उन वरदानों से अवगत करा सकती हूँ।"

राम बोले, "हे माता! पिता की आज्ञा से मैं अपने प्राणों की भी आहुति दे सकता हूँ। मैं आपके चरणों की सौगन्ध खाकर प्रतिज्ञा करता हूँ कि आपके वचनों का अवश्य पालन करूँगा।"

राम की प्रतिज्ञा से सन्तुष्ट होकर कैकेयी ने कहा, "वत्स! मैंने पहले वर से भरत के लिये अयोध्या का राज्य और दूसरे से तुम्हारे लिये चौदह वर्ष का वनवास माँगा है। अतः अब तुम अपनी प्रतिज्ञा के अनुसार तत्काल वक्कल धारण करके वन को प्रस्थान करो। तुम्हारे मोह के कारण ही महाराज दुःखी हो रहे हैं इसलिए तुम्हारे वन को प्रस्थान के पश्चात् ही भरत का राज्याभिषेक होगा। मुझे पूर्ण विश्वास है कि तुम अपनी प्रतिज्ञा का पालन करके अपने पिता को पापरूपी सागर से अवश्य मुक्ति दिलाओगे।"

राम ने दुःख और शोक से रहित होकर कैकेयी के वचनों को सुना और मधुर मुस्कान के साथ बोले, "माता! बस इस छोटी सी बात के लिये ही आप और पिताजी इतने परेशान हैं? मैं तत्काल वन को चला जाता हूँ। यही मेरी सत्य प्रतिज्ञा है।"

महाराज दशरथ राम और कैकेयी के इस संवाद को सुन रहे

थे। इसे सुनकर वे एक बार फिर मूर्छित हो गये। राम ने मूर्छित पिता और कैकेयी के चरणों में मस्तक नवाया और चुपचाप उस प्रकोष्ठ से बाहर चले गये।

अरण्यकाण्ड

दण्डक वन में विराध वध

सीता और लक्ष्मण के साथ राम ने दण्डक वन में प्रवेश किया। वहाँ पर उन्हें ऋषि–मुनियों के अनेक आश्रम दृष्टिगत हुये। वह क्षेत्र अत्यन्त मनोरम था। वहाँ पर बड़ी बड़ी यज्ञशालाएँ थीं तथा हवन–सामग्री भी प्रचुर मात्रा में उपलब्ध था। उन आश्रमों में तेजस्वी ऋषि–मुनि अपनी आध्यात्मिक साधना में लिप्त रहा करते थे। वीर तपस्वियों के वेश में राम–लक्ष्मण को देखकर वे समस्त ऋषि–मुनि अत्यन्त प्रसन्न हुये।

राम, सीता और सीता का समुचित सत्कार करने के पश्चात् वे बोले, "हे राघव! यद्यपि आप वन में हैं किन्तु हमारे लिये आप ही राजा हैं। हम वनवासियों की रक्षा करना आपका परम कर्तव्य है। आत्मचिन्तन में व्यस्त रहने वाले यहाँ के निवासी तपस्वियों को दुष्ट राक्षस निर्विघ्न रूप से ईश्वर आराधना नहीं करने देते। वे उनकी तपस्या में विघ्न तो डालते ही हैं साथ ही साथ निरपराध तपस्वियों की हत्या भी कर डालते हैं। इसलिये हम आपसे आग्रह करते हैं कि हे रघुनन्दन! आप उनसे हमारी रक्षा करें। रामचन्द्र ने उन्हें आश्वस्त किया कि वे शीघ्र ही इन राक्षसों का विनाश कर इस क्षेत्र को निरापद कर देंगे।

वहाँ से उन्होंने महावन में प्रवेश किया जहाँ नाना प्रकार के हिंसक पशु और नरभक्षक राक्षस निवास करते थे। ये नरभक्षक राक्षस ही तपस्वियों को कष्ट दिया करते थे। कुछ ही दूर जाने के बाद बाघम्बर धारण किये हुये एक पर्वताकार राक्षस दृष्टिगत हुआ।

वह राक्षस हाथी के समान चिंघाड़ता हुआ सीता पर झपटा। उसने सीता को उठा उठा लिया और कुछ दूर जाकर खड़ा हो गया।

उसने राम और लक्ष्मण को सम्बोधित करते हुए कहा, "तुम धनुष बाण लेकर दण्डक वन में घुस आये हो। ऐसा प्रतीत होता है कि तुम्हारी मृत्यु निकट आ गई है। तुम दोनों कौन हो? क्या तुमने मेरा नाम नहीं सुना? मैं प्रतिदिन ऋषियों का माँस खाकर अपनी क्षुधा शान्त करने वाला विराध हूँ। तुम्हारी मृत्यु ही तुम्हें यहाँ ले आई है। मैं तुम दोनों का अभी रक्तपान करके इस सुन्दर स्त्री को अपनी पत्नी बनाऊँगा।"

उसके दम्भयुक्त वचनों को सुनकर राम लक्ष्मण से बोले, "भैया! विराध के चंगुल में फँसकर सीता अत्यन्त भयभीत एवं दुःखी हो रही है। मेरे लिये यह बड़ी लज्जाजनक बात है कि कोई अन्य व्यक्ति उसका स्पर्श करे। पिताजी की मृत्यु तथा अपने राज्य के अपहरण से मुझे इतना दुःख नहीं हुआ जितना आज भयभीत सीता को देखकर हो रहा है। मुझे यह भी नहीं सूझ रहा है कि इस दुष्ट से सीता की कैसे रक्षा करूँ।"

राम को इस प्रकार दीन वचन कहते सुनकर लक्ष्मण ने क्रुद्ध होकर कहा, "भैया! आप तो महापराक्रमी हैं। आप इस प्रकार अनाथों की भाँति क्यों बात कर रहे हैं? मैं अभी इस दुष्ट राक्षस का संहार करता हूँ।" फिर विराध से बोले, "रे दुष्ट! अपनी मृत्यु के पूर्व तू हमें अपना परिचय दे और अपने कुल का नाम बता।"

विराध ने हँसते हुये कहा, "यदि तुम मेरा परिचय जानना ही चाहते हो तो सुनो! मैं जय राक्षस का पुत्र हूँ। मेरी माता का नाम शतह्रदा है। मुझे ब्रह्मा जी से यह वर प्राप्त है कि किसी भी प्रकार का अस्त्र–शस्त्र न तो मेरी हत्या ही कर सकती है और न ही उनसे मेरे अंगों छिन्न–भिन्न हो सकते हैं। यदि तुम इस स्त्री को मेरे पास छोड़ कर चले जाओगे तो मैं तुम्हें वचन देता हूँ कि मैं तुम्हें नहीं मारूँगा।"

विराध के वचनों से क्रोधित राम ने उसे तत्काल तीक्ष्ण बाणों से बेधना आरम्भ कर दिया। राम के बाण विराध के शरीर को छेदकर रक्तरंजित हो पृथ्वी पर गिरने लगे। इस प्रकार जब घायल होकर विराध त्रिशूल ले राम और लक्ष्मण पर झपटा तो दोनों भाइयों ने उस पर अग्निबाणों की वर्षा आरम्भ कर दी, किन्तु विराध पर उनका कुछ भी प्रभाव नहीं पड़ा। वे केवल उसके त्रिशूल को ही काट सके। फिर जब भयंकर तलवारों से दोनों भाइयों ने उस पर आक्रमण किया तो वह सीता को छोड़ राम और लक्ष्मण को दोनों भुजाओं में पकड़कर आकाश मार्ग से उड़ चला।

राम ने लक्ष्मण से कहा, "भाई! हमें जिस ओर यह राक्ष्स ले जा रहा है, बिना विरोध के हमें उधर ही चले जाना चाहिये, यही हमारे लिये उचित है।" विराध द्वारा राम–लक्ष्मण को ले जाते देख सीता विलाप करके कहने लगी, "हे राक्षसराज! इन दोनों भाइयों को छोड़ दो। मैं तुमसे प्रार्थना करती हूँ मैं तुम्हारे साथ चलने को तैयार हूँ।"

सीता के आर्तनाद करने पर क्रोधित हो कर दोनों भाइयों ने विराध की एक–एक बाँह मरोड़कर तोड़ डाली। वह मूर्छित होकर पृथ्वी पर गिर पड़ा। लक्ष्मण उसे सचेत कर कर के बार–बार उठा–उठा कर पटकने लगे। वह घायल होकर चीत्कार करने लगा।

तभी राम बोले, "लक्ष्मण! वरदान के कारण यह दुष्ट मर नहीं सकता। इसलिये यही उचित है कि हमें भूमि में गड़्ढा खोदकर इसे बहुत गहराई में गाड़ देना चाहिये।"

लक्ष्मण गड्ढा खोदने लगे और राम विराध की गर्दन पर पैर रखकर खड़े हो गये। तब विराध बोला, "प्रभो! वास्तव में मैं तुम्बुरू नाम गन्धर्व हूँ। कुबेर ने मुझे राक्षस होने का शाप दिया था। मैं शाप के कारण राक्षस हो गया था। आज आपकी कृपा से मुझे उस शाप से मुक्ति मिल रही है।"

राम और लक्ष्मण ने उसे उठाकर गड्ढे में डाल दिया और गड्ढे को पत्थर आदि से पाट किया। सारा वनप्रान्त उसके आर्तनाद से गूँज उठा।

महर्षि शरभंग

भयंकर बलशाली विराध राक्षस का वध करने के पश्चात् राम, सीता और लक्ष्मण महर्षि शरभंग के आश्रम में पहुँचे। महर्षि शरभंग अत्यन्त वृद्ध थे। उनका शरीर जर्जर हो चुका था। ऐसा प्रतीत होता था कि उनका अन्त–काल निकट है। सीता और लक्ष्मण सहित राम ने महर्षि के चरण स्पर्श किए और उन्हें अपना परिचय दिया। महर्षि शरभंग ने उनका सत्कार करते हुए कहा, "हे राम! इस वन–प्रान्त में कभी–कभी ही तुम जैसे अतिथि आते हैं। अपना शरीर त्याग करने के पहले मैं तुम्हारा दर्शन करना चाहताथा। इसलिये तुम्हारी ही प्रतीक्षा में मैंने अब तक अपना शरीर नहीं त्यागा था। अब तुम्हारे दर्शन हो गये, इसलिये मैं इस नश्वर एवं जर्जर शरीर का परित्याग कर ब्रह्मलोक में जाऊँगा। मेरे शरीर त्याग करने के बाद तुम इस वन में निवास करने वाले महामुनि सुतीक्ष्ण के पास चले जाना, वे ही तुम्हारा कल्याण करेंगे।"

इतना कह कर महर्षि ने विधिवत् अग्नि की स्थापना करके उसे प्रज्ज्वलित किया और घी की आहुति देकर मंत्रोच्चार करते हुये स्वयं अपने शरीर को अग्नि को समर्पित करके ब्रह्मलोक को गमन किया।

महामुनि शरभंग के ब्रह्मलोक गमन के पश्चात् आश्रम की निकटवर्ती कुटियाओं में निवास करने वाले ऋषि–मुनियों ने वहाँ आकर रामचन्द्र से प्रार्थना की, "हे राघव! क्षत्रिय नरेश होने के नाते हम लोगों की रक्षा करना आपका कर्तव्य है। जो हमारी रक्षा करता है उसे भी हमारी तपस्या के चौथाई भाग का फल प्राप्त होता है। किन्तु दुःख की बात यह है कि आप जैसे धर्मात्मा राजाओं के होते हुये भी राक्षसजन हमें अनाथों की तरह सताते हैं और हमारी हत्या तक कर देते हैं। इन राक्षसों ने पम्पा नदी और मन्दाकिनी नदियों के क्षेत्रों तथा चित्रकूट पर्वत में भयानक उपद्रव मचा रखा है। उनके उपद्रव के कारण तपस्वियों के लिये तपस्या करना ही नहीं जीना भी दूभर हो गया है। ये समाधिस्थ तपस्वियों को मृत्यु के मुख में पहुँचा देते हैं। इसीलिये हम आपकी शरण में आये हैं। आप इस असह्य कष्ट

और अपमान से हमारी रक्षा करें और हमें निर्भय होकर तप करने का अवसर दें।"

राम बोले, "हे ऋषि–मुनियों! आपके कष्टों के विषय में सुनकर मैं अत्यन्त व्यथित हुआ हूँ। पिता की आज्ञा से अभी मुझे चौदह वर्ष पर्यन्त इन वनों में निवास करना है। आप लोगों के रक्षार्थ मैं इस अवधि में राक्षसों का चुन–चुन कर नाश करना चाहता हूँ। आप सबके समक्ष मैं प्रतिज्ञा करता हूँ कि अपने भुजबल से मैं पृथ्वी के समस्त ऋषि–द्रोही राक्षसों को समाप्त कर दूँगा। आप लोग मुझे आशीर्वाद दें ताकि मैं इस उद्देश्य में सफल हो सकूँ।

इस प्रकार से उन्हें धैर्य बँधा और राक्षसों के विनाश की प्रतिज्ञा कर, रामचन्द्र सीता और लक्ष्मण के साथ मुनि सुतीक्ष्ण के आश्रम में आये। उन्होंने अत्यन्त वृद्ध महात्मा सुतीक्ष्ण के चरण स्पर्श किये और उन्हें अपना परिचय दिया। राम का परिचय पाकर महर्षि अत्यन्त प्रसन्न हुये। उन्होंने तीनों को समुचित आसन दिया, उनका कुशलक्षेम पूछा तथा फल आदि से उनका सत्कार किया। वार्तालाप करते करते सूर्यास्त की बेला आ पहुँची तब उन सबने एक साथ बैठकर सन्ध्या–उपासना की और रात्रि विश्राम भी उनके आश्रम में ही किया।

प्रातःकाल राम बोले, "हे मुनिवर! हमारे हृदय में दण्डक वन में निवास करने वाले ऋषि–मुनियों के दर्शन करने की उत्कृष्ट अभिलाषा है। हमने सुना है कि यहाँ ऐसे अनेक ऋषि–मुनि हैं जो सहस्त्रों वर्षों से केवल फलाहार करके तपस्या करते हुये सिद्धि को प्राप्त कर चुके हैं। ऐसे महात्माओं के दर्शनों से जन्म–जन्मान्तर के पाप नष्ट हो जाते हैं। इसलिये आप हमें जाने की आज्ञा दीजिये।"

महर्षि सुतीक्ष्ण ने आशीर्वाद देकर प्रेमपूर्वक उन्हें विदा करते हुए कहा, "हे राम! तुम्हारा मार्ग मंगलमय हो। वास्तव में यहाँ के तपस्वी असीम ज्ञान और भक्ति के भण्डार हैं। तुम अवश्य उनके दर्शन करो। इस वन का वातावरण भी तुम्हारे सर्वथा अनुकूल है। इसमें तुम लोग भ्रमण करके अपने वनवासकाल को सार्थक करो।"

सीता की शंका

मार्ग में सीता ने रामचन्द्र से कहा, "आर्यपुत्र! यद्यपि आप महान पुरुष हैं किन्तु सूक्ष्मरूप से विचार करने पर मुझे प्रतीत होता है कि अधर्म में प्रवृत हो हैं। हे नाथ! इस संसार में कामजनित तीन दोष ऐसे हैं जिनका उन्हें परित्याग करना चाहिये। पहला कामजनित दोष है मिथ्या भाषण, जो आपने न तो कभी किया है और न ही कभी करेंगे। दूसरा कामजनित दोष है पर–स्त्रीगमन। आप एक पत्नीव्रतधारी और महान सदाचारी हैं अतः यह कार्य भी आपके लिये असम्भव है। तीसरा कामजनित दोष है बिना वैरभाव के ही दूसरों के प्रति क्रूरतापूर्ण व्यवहार। यह तीसरा दोष अर्थात् क्रूरतापूर्ण व्यवहार ही आपके समक्ष उपस्थित है और आप इसे करने जा रहे हैं। आपने इन तपस्वियों के समक्ष राक्षसों को समूल नष्ट कर डालने की जो प्रतिज्ञा की है, उसी में मुझे दोष दृष्टिगत हो रहा है। आपके लक्ष्मण के साथ धनुष धारण कर इस वन में प्रवेश करने के कार्य को मैं कल्याणकारी नहीं नहीं समझती। मुझे यह उचित नहीं लगता कि जिन राक्षसों ने आपको किसी प्रकार की क्षति नहीं पहुँचाई है उनकी हत्या करके आप व्यर्थ ही अपने हाथों को रक्त–रंजित करें। मेरे दृष्टि में यह अनुचित और दोषपूर्ण कृत्य है।

"महाबाहो! पूर्व काल में किसी पवित्र वन में ईश्वर की आराधना में तल्लीन रहने वाले एक सत्यवादी एवं पवित्र ऋषि निवास करते थे। उनकी कठोर तपस्या से इन्द्र भयभीत हो गये और उनकी तपस्या को भंग करना चाहा। एक दिन योद्धा का रूप धारण कर इन्द्र ऋषि के आश्रम में पहुँचे और विनयपूर्वक अपना खड्ग उस ऋषि के पास धरोहर के रूप में रख दिया। ऋषि ने उस खड्ग को लेकर अपनी कमर में बाँध लिया जिससे वह खो न जाय। कमर में बँधे खड्ग के प्रभाव से उनकी प्रवृति में रौद्रता आने लगी। परिणामस्वरूप वे तपस्या कम और रौद्र कर्म अधिक करने लगे। हे स्वामी। शस्त्र और अग्नि की संगति एक सा प्रभाव दिखाने वाली होती है। आपकी यह भीषण प्रतिज्ञा और आप दोनों भाइयों का निरन्तर धनुष उठाये

फिरना आप लोगों के लिये कल्याणकारी नहीं है। आपको उन निर्दोष राक्षसों की हत्या नहीं करनी चाहिये जिनका आपके प्रति कोई बैर–भाव नहीं है। बिना शत्रुता के किसी की हत्या करना लोक में निन्दा का कारण भी बनती है। हे नाथ! आप ही सोचिये, कहाँ वन का शान्त तपस्वी अहिंसामय जीवन और कहाँ शस्त्र–संचालन। कहाँ तपस्या और कहाँ निरीह प्राणियों की हत्या। ये परस्पर विरोधी बातें हैं। आपने वन में आकर तपस्वी का जीवन अपनाया है इसलिये उसी का पालन कीजिये। सनातन नियम यही है कि बुद्धिमान लोग कष्ट सहकर भी अपने धर्म की साधना करते हैं।

"मै नारीसुलभ चपलता के कारण ही मैं आपको धर्म का यह उपदेश दे रही हूँ अन्यथा किसमें सामर्थ्य है जो आपको धर्म का उपदेश दे?"

सीता के वचनों को सुनकर राम बोले, "सीते! जो कुछ तुमने कहा है वह सर्वथा उचित है। मेरे कल्याण की दृष्टि से ही तुमने यह बात कही है। किन्तु हम लोगों के धनुष धारण करने का एकमात्र प्रयोजन आर्यों की रक्षा करना है। यहाँ निवास करने वाले ऋषि–मुनि और तपस्वी राक्षसों के कारण अत्यन्त दुःखी हैं। वे उनसे अपनी रक्षा चाहते हैं और इसके लिये उन्होंने शरणागत होकर मुझसे प्रार्थना की है। उनकी रक्षा के लिये ही मैंने प्रतिज्ञा भी की है। क्षत्रिय का धर्म ही असहाय और दुखियों की रक्षा करना है। ऋषि–मुनि और ब्राह्मणों की सेवा तो मेरा कर्तव्य है। फिर मैं तो उन्हें वचन भी दे चुका हूँ। क्या तुम्हारे विचार से यह उचित है कि मैं उस प्रतिज्ञा को भंग कर दूँ? तुम यह कदापि नहीं चाहोगी कि मैं प्रतिज्ञा भंग करके झूठा कहलाऊँ क्योंकि तुम जानती हो कि सत्य मुझे प्राणों से भी प्रिय है और अपनी प्रतिज्ञा का पालन करने के लिये तुम्हारा और लक्ष्मण का परित्याग भी कर सकता हूँ। मैं अपने प्राण का त्याग कर सकता हूँ किन्तु अपनी प्रतिज्ञा को मिथ्या सिद्ध नहीं होने दे सकता। फिर भी जो कुछ तुमने कहा उससे मैं बहुत प्रसन्न हूँ।"

इसके पश्चात् उन लोगों ने अगस्त्य मुनि के दर्शन के लिये

प्रस्थान किया किन्तु उन्हें उनके आश्रम का पता नहीं चल पाया। अनेक ऋषि–मुनियों के दर्शन करते तथा वनों में भ्रमण करते हुये दस वर्ष व्यतीत हो गये। इस अवधि में उन्होंने अलग–अलग स्थानों में एक–एक दो–दो वर्ष तक कुटिया बनाकर निवास किया। साथ ही साथ अगस्त्य मुनि के आश्रम की भी खोज करते रहे परन्तु अनेक प्रयत्न करने पर भी उनका आश्रम न पा सके।

अन्ततः वे पुनः सुतीक्ष्ण मुनिके आश्रम में आये और बोले, "हे महर्षि! मैं विगत दस वर्ष से वन में भटक कर महर्षि अगस्त्य के आश्रम की खोज कर रहा हूँ किन्तु अभी तक उनके दर्शनों का लाभ प्राप्त नहीं कर सका हूँ। उनके दर्शनों की मुझे तीव्र लालसा है। इसलिये कृपा करके आप उनके आश्रम में पहुँचने के लिये मार्ग बताइये।"

मुनि राज सुतीक्ष्ण ने कहा, "हे राम! तुम दक्षिण दिशा में सोलह कोस जाओ। वहाँ तुम्हें एक विशाल पिप्पली वन दृष्टिगत होगा। उस पिप्पली वन के वृक्ष प्रत्येक ऋतु में खिलने वाले सुगन्धियुक्त रंग–बिरंगे फूलों से लदे वृक्ष मिलेंगे। उन पर नाना प्रकार की बोलियों में कलरव करते हुये असंख्य पक्षी होंगे। अनेक प्रकार के हंसों, बकों, कारण्डवों आदि से युक्त सरोवर भी दिखाई देंगे। उसी वन में महात्मा अगस्त्य के भाई का आश्रम है जो वहाँ ईश्वर साधना में तल्लीन रहते हैं। कुछ दिन उनके आश्रम में रहकर विश्राम करें। जब तुम्हारी मार्ग की क्लान्ति मिट जाय तो वहाँ से दक्षिण दिशा की ओर वन के किनारे चलना। वहाँ से चार कोस की दूरी पर महर्षि अगस्त्य का शान्त मनोरम आश्रम है जिसके दर्शन मात्र से अद्वितीय शान्ति मिलती है।

अगस्त्य का आश्रम

सुतीक्ष्ण मुनि से विदा ले कर राम, सीता और लक्ष्मण ने वहाँ से प्रस्थान किया। मार्ग में उन्होंने नीवार (जलकदम्ब), कटहल, साखू, अशोक, तिनिश, चिरिविल्व, महुआ, बेल, तेंदू तथा अन्य अनेक जंगली

वृक्ष देखे। विचित्र वनों, मेघमाला सदृश पर्वमालाओं, सरिताओं तथा सरवरों के नयनाभिराम दृश्यों को निरखते हुये तथा दो दिन महर्षि अगस्त्य के भाई के आश्रम में विश्राम करने के पश्चात् वे अगस्त्य मुनि के आश्रम के निकट जा पहुँचे। उस वनका वातावरण अत्यन्त मनोहर था। सुन्दर विशाल वृक्ष खिली हुई लताओं से शोभायमान हो रहे थे। हाथियों द्वारा तोड़े जाकर अनेक वृक्ष पृथ्वी पर पड़े थे। वानर वृन्द वृक्षों की ऊँची–ऊँची शाखाओं पर अठखेलियाँ कर रहे थे। पक्षियों का मधुर कलरव चहुँ ओर सुनाई दे रहा था। हिंसक पशु भी हिरण आदि के साथ, बैरभाव को छोड़कर, कल्लोल कर रहे थे।

उन्हें देखकर राम लक्ष्मण से बोले, "हे लक्ष्मण! महर्षि अगस्त्य के आश्रम के अद्भुत प्रभाव से जन्मजात शत्रु भी, एक दूसरे की हत्या करना भूलकर, परस्पर स्नेह का बर्ताव कर रहे हैं। यह महर्षि के तपोबल का ही प्रभाव है। यहाँ आकर राक्षस भी उपद्रव करना भूल जाते हैं। मैंने सुना है कि महर्षि अगस्त्य से प्रभावित होकर अनेक राक्षसों ने अपनी तामसी वृति को त्याग दिया है और महर्षि के अनन्य भक्त बन गये हैं। इस युग के ऋषि–मुनियों में महामुनि अगस्त्य का स्थान सर्वोपरि है।उनकी कृपा से यहाँ के देवता, राक्षस, यक्ष, गन्धर्व, नाग, किन्नर आदि सब मानवीय धर्मों का पालन करते हुये अत्यंत प्रेमपूर्वक अपना जीवन यापन करते हैं। इस शान्तिप्रद वन में चोर, डाकू, लम्पट, दुराचारी व्यक्ति आने का साहस नहीं करते। ऐसे महात्मा महर्षि के दर्शन का सौभाग्य आज हमें प्राप्त होगा। तुम आश्रम में जाकर मेरे आने की सूचना दो।"

राम की आज्ञा पाकर लक्ष्मण आश्रम के भीतर गये और महर्षि के एक शिष्य से बोले, "हे सौम्य! कृपा करके तुम महर्षि अगस्त्य को सादर सूचित करो कि अयोध्या के तेजस्वी सम्राट दशरथ के ज्येष्ठ पुत्र श्री रामचन्द्र जी अपनी पत्नी जनकनन्दिनी सीता के साथ उनके दर्शन के लिये पधारे हैं। वे आश्रम में प्रवेश की अनुमति की प्रतीक्षा कर रहे हैं।"

शिष्य से लक्ष्मण का संदेश सुनकर अगस्त्य मुनि बोले, "तुमने

यह अत्यन्त आनन्ददायक समाचार सुनाया है। राम की प्रतीक्षा करते हुये मेरे नेत्र थक गये थे। तू जल्दी से जाकर राम को सीता और लक्ष्मण के साथ मेरे पास ले आ।"

शिष्य राम, सीता और लक्ष्मण को लेकर मुनि के पास पहुँचा जो पहले से ही उनके स्वागत के लिये कुटिया के बाहर आ चुके थे। तेजस्वी मुनि को स्वयं स्वागत के लिये बाहर आया देख राम ने श्रद्धा से सिर झुका कर उन्हें प्रणाम किया। सीता और लक्ष्मण ने भी उनका अनुसरण किया। अगस्त्य मुनि ने प्रेमपूर्वक उन सबको बैठने के लिये आसन दिये। कुशलक्षेम पूछने तथा फल–फूलों से उनका सत्कार करने के पश्चात् वे बोले, "हे राम! मैंने दस वर्ष पूर्व तुम्हारे दण्डक वन में प्रवेश करने का समाचार सुना था। उसी समय से मैं तुम्हारी प्रतीक्षा कर रहा हूँ। यह मेरा सौभाग्य है कि आज मेरी इस कुटिया में तुम जैसा धर्मात्मा, सत्यपरायण, प्रतिज्ञापालक, पितृभक्त अतिथि आया है। मेरी कुटिया तुम्हारे आगमन से धन्य हो गई है।"

इसके पश्चात् महर्षि ने राम को कुछ दैवी अस्त्र–शस्त्र देते हुये कहा, "हे राघव! देवासुर संग्राम के समय से ये कुछ दिव्य अस्त्र मेरे पास रखे थे। आज इन्हें मैं तुम्हें देता हूँ। इनका जितना उचित उपयोग तुम कर सकते हो अन्य कोई धर्मपरायण योद्धा नहीं कर सकता। इस धनुष का निर्माण विश्वकर्मा ने स्वर्ण और वज्र के सम्मिश्रण से किया है। ये बाण स्वयं ब्रह्मा जी ने दिये थे। सूर्य के समान देदीप्यमान ये बाण कभी व्यर्थ नहीं जाते। इन्द्र के द्वारा प्रदत्त यह तरकस भी मैं तुम्हें दे रहा हूँ। इनमें अग्नि की भाँति दाहक बाण भरे हुये हैं।

यह खड्ग कभी न टूटने वाला है चाहे इस पर कैसा ही वार किया जाय। इन अस्त्र–शस्त्रों को धारण कर के तुम इन्द्र की भाँति अजेय हो जाओगे। इनकी सहायता से इस दण्डक वन में जो राक्षस हैं, उनका नाश करो।"

राम ने महर्षि के इस उपहार के लिये उन्हें अनेक धन्यवाद दिये और बोले, "मुनिराज! आपने मुझे इन अस्त्र–शस्त्रों के योग्य समझा,

यह आपकी मुझ पर अत्यन्त अनुकम्पा है जो। मैं अवश्य ही इनका उचित उपयोग करने का प्रयास करूँगा।"

मुनि ने कहा, "नहीं राम! इसमें अनुकम्पा की कोई बात नहीं है। तुम मेरे आश्रम में आने वाले असाधारण अतिथि हो। तुम्हें देखकर मैं कृत–कृत्य हो गया हूँ। लक्ष्मण भी कम महत्वपूर्ण अतिथि नहीं है। ऐसा प्रतीत होता है कि इनकी विशाल बलिष्ठ भुजाएँ विश्व पर विजय पताका फहराने के लिये ही बनाई गई है। और जानकी का तो पति–प्रेम तथा पति–निष्ठा संसार की स्त्रियों के लिये अनुकरणीय आदर्श हैं। इन्होंने कभी कष्टों की छाया भी नहीं देखी, तो भी केवल पति–भक्ति के कारण तुम्हारे साथ इस कठोर वन में चली आई हैं। इनका अनुकरण करके सन्नारियाँ स्वर्ग की अधिकारिणी हो जायेंगीं। तुम तीनों को अपने बीच में पाकर मेरा हृदय प्रफुल्लित हो उठा है। तुम लोग लम्बी यात्रा करके आये हो, थक गये होगे। अतएव अब विश्राम करो। मेरी तो इच्छा यह है कि तुम लोग वनवास की शेष अवधि यहीं व्यतीत करो। यहाँ तुम्हें किसी प्रकार का कष्ट न होगा।"

ऋषि के स्नेहयुक्त वचन सुन कर राम ने हाथ जोड़ कर उत्तर दिया, "हे मुनिराज! जिनके दर्शन बड़े–बड़े राजा–महाराजाओं तथा दीर्घकाल तक तपस्या करने वाले ऋषि–मुनियों को भी दुर्लभ हैं, उनके दर्शन का सौभाग्य मुझे आज प्राप्त हुआ है। भला इस संसार में मुझसे बढ़ कर भाग्यशाली कौन होगा? आपकी इस महान कृपा और अतिथि सत्कार के लिये मैं सीता और लक्ष्मण सहित आपका अत्यन्त कृतज्ञ हूँ। आपकी आज्ञा का पालन करते हुये हम लोग आज की रात्रि अवश्य यहीं विश्राम करेंगे किन्तु वनवास की शेष अवधि आपके मनोरम आश्रम में हृदय से चाहते हुये भी बिताना सम्भव नहीं होगा। मैं आपकी तपस्या में किसी भी प्रकार की बाधा उपस्थित नहीं करना चाहता, परन्तु आपकी सत्संगति के लाभ से भी वंचित नहीं होना चाहता। इसलिये कृपा करके आपके इस आश्रम के निकट ही कोई ऐसा स्थान बताइये जो फलयुक्त वृक्षों, निर्मल जल तथा शान्त वातावरण से युक्त सघन वन हो। वहाँ मैं आश्रम बना कर निवास करूँगा।"

अगस्त्य मुनि ने कुछ क्षण विचार करके उत्तर दिया, "हे राम! तुम्हारे यहाँ रहने से मुझे कोई असुविधा नहीं होगी। यदि फिर भी तुम किसी एकान्त स्थान में अपना आश्रम बनाना चाहते हो तो यहाँ से आठ कोस दूर पंचवटी नामक महावन है। वह स्थान वैसा ही है जैसा तुम चाहते हो। वहाँ पर गोदावरी नदी बहती है। वह स्थान अत्यन्त रमणीक, शान्त, स्वच्छ एवं पवित्र है। सामने जो मधुक वन दिखाई देता है, उत्तर दिशा से पार करने के पश्चात् तुम्हें एक पर्वत दृष्टिगोचर होगा। उसके निकट ही पंचवटी है। वह स्थान इतना आकर्षक है कि उसे खोजने में तुम्हें कोई कठिनाई नहीं होगी।"

मुनि का आदेश पाकर सन्ध्यावन्दन आदि करके राम ने सीता और लक्ष्मण के साथ रात्रि अगस्त्य मुनि के आश्रम में ही विश्राम किया। प्रातःकालीन कृत्यों से निवृत होकर महामुनि से विदा हो राम ने अपनी पत्नी तथा अनुज के साथ पंचवटी की ओर प्रस्थान किया।

पंचवटी मेँ आश्रम

पंचवटी की ओर जाते समय मार्ग में राम, सीता और लक्ष्मण की दृष्टि एक विशालकाय गृध्र पर पड़ी। लक्ष्मण ने उसे कोई राक्षस समझा और उसका परिचय पाने के उद्देश्य से उससे पूछा,"तुम कौन हो?"

इस प्रश्न के उत्तर में उसने मधुर वाणी में कहा, "तात् मैं आपके पिता का मित्र हूँ। मैं गृद्ध जाति के यशस्वी व्यक्ति अरुण का पुत्र हूँ और मेरा नाम जटायु है। कृपा करके आप मुझे अपने साथ रहने की अनुमति दें ताकि आपके साथ रहकर मैं सेवक की भाँति आपकी सेवा कर सकूँ।" इस प्रकार से अनुमति प्राप्त कर वह राम और लक्ष्मण के साथ चलने लगा।

पंचवटी पहुँचने पर राम ने लक्ष्मण से कहा, "सौम्य! महर्षि अगस्त्य ने हमें जिस स्थान का परिचय दिया था वहाँ हम पहुँच चुके हैं। यही पंचवटी प्रदेश है। सामने गोदावरी नदी भी प्रवाहित हो रही है। अतः तुम किसी जलाशय के निकट रमणीय दृश्य वाले योग्य स्थान का चयन करके उस पर आश्रम बनाने की तैयारी करो।"

लक्ष्मण ने आश्रम बनाने के लिये गोदावरी के तट पर एक स्थान का चयन किया जहाँ पर पुष्पों से लदे वृक्ष अत्यन्त मनोहर प्रतीत हो रहे हैं। वह स्थान चारों तरफ से पुष्पों, गुल्मों तथा लता–वल्लरियों से युक्त साल, ताल, तमाल, खजूर, कटहल, जलकदम्ब, तिनिश, पुंनाग, आम, अशोक, तिलक, केवड़ा, चम्पा, स्यन्दन, चन्दन, कदम्ब, पर्णास, लकुच धव, अश्वकर्ण, खैर शमी, पलाश आदि वृक्षों से घिरा हुआ था। निकट ही गोदावरी नदी प्रवाहित हो रही थी जिसमें हंस और कारण्डव आदि पक्षी विचर रहे थे। चकवे उसकी शोभा बढ़ाते थे और पानी पीने के लिये आये हुए मृगों के झुंड उसके तट पर छाये रहते थे।

लक्ष्मण ने वहाँ पर लकड़ियों तथा घास–फूसों की सहायता से शीघ्रतापूर्वक एक कुटिया का निर्माण कर लिया। फिर उसी कुटिया के निकट उन्होंने सुन्दर लता–पल्लवों की सहायता से एक और कुटिया का निर्माण किया और उस में सुन्दर स्तम्भों से युक्त यज्ञ वेदी बनाई। उसके बाद उन्होंने दोनों कुटियाओं को घेरते हुये चारों ओर काँटों की बाड़ लगा दी। इस प्रकार आश्रम का निर्माण कर लेने के पश्चात् लक्ष्मण ने राम और सीता को बुला कर आश्रम का निरीक्षण कराया। वे इस सुन्दर आश्रम को देख कर अत्यंत प्रसन्न हुये।

लक्ष्मण की सराहना करते हुये राम बोले, "लक्ष्मण! तुमने तो इस दुर्गम वन में भी राजप्रासाद जैसा सुविधाजनक निवास स्थान बना दिया। तुम्हारे कारण तो मुझे वन में भी घर से अधिक सुख–सुविधा प्राप्त हो रही है।"

फिर उन दोनों के साथ बैठ कर राम ने यज्ञ–कुटीर में हवन किया। वे वहाँ सुखपूर्वक रहने लगे और लक्ष्मण दत्तचित्त होकर उन दोनों की सेवा करने लगे। इस प्रकार वहाँ पर शरद ऋतु के दो मास सुखपूर्वक व्यतीत हो गये।

अब हेमन्त ऋतु का आगमन हो चुका था। एक दिन प्रातः बेला में राम सीता के साथ गोदावरी में स्नान करने के लिये जा रहे थे।

लक्ष्मण उनके पीछे–पीछे घड़ा उठाये चल रहे थे। सरिता के तट पर पहुँचने पर लक्ष्मण को ध्यान आया कि हेमन्त ऋतु रामचन्द्र जी की सबसे प्रिय ऋतु रही है। वे तट पर घड़े को रख कर बोले, "भैया! यह वही हेमन्त काल है जो आपको सर्वाधिक प्रिय रही है। आप इस ऋतु को वर्ष का आभूषण कहा करते थे। अब शीत अपने चरमावस्था में पहुँच चुकी है। सूर्य की किरणों का स्पर्श प्रिय लगने लगा है। पृथ्वी अन्नपूर्णा बन गई है। गोरस की नदियाँ बहने लगी हैं। राजा–महाराजा अपनी–अपनी चतुरंगिणी सेनाएँ लेकर शत्रुओं को पराजित करने के लिये निकल पड़े हैं। सूर्य के दक्षिणायन हो जाने के कारण उत्तर दिशा की शोभा समाप्त हो गई है। अग्नि की ऊष्मा प्रिय लगने लगा है। रात्रियाँ हिम जैसी शीतल हो गई हैं। जौ और गेहूँ से भरे खेतों में ओस के बिन्दु मोतियों की भाँति चमक रहे हैं। ओस के जल से भीगी हुई रेत पैरों को घायल कर रही है। उधर भैया भरत अयोध्या में रहते हुये भी वनवासी का जीवन व्यतीत करते हुये शीतल भूमि पर शयन करते होंगे। वे भी सब प्रकार के ऐश्वर्यों को त्याग कर आपकी भाँति त्याग एवं कष्ट का जीवन व्यतीत कर रहे होंगे। हे तात! विद्वजन कहते हैं कि मनुष्य का स्वभाव उसकी माता के अनुकूल होता है, पिता के नहीं, किन्तु भरत ने इस कथन को मिथ्या सिद्ध कर दिया है। उनका स्वभाव अपनी माता के क्रूर स्वभाव जैसा कदापि नहीं है। हमारे और सम्पूर्ण देश के दु:ख का कारण वास्तव में उनकी माता का क्रूर स्वभाव ही है।"

लक्ष्मण के कैकेयी के लिये निन्दा भरे अंतिम वाक्यों को सुन कर राम बोले, "लक्ष्मण! इस प्रकार तुम्हें माता कैकेयी की निन्दा नहीं करना चाहिये। वनवास में हमने तापस धर्म ग्रहण किया है और तपस्वी के लिये किसी की निन्दा करना या सुनना दोनों ही पाप है। कैकेयी जैसी भरत की माता हैं, वैसी ही हमारी भी माता हैं। हमें भरत के द्वारा चित्रकूट में आकर कहे हुये विनम्र, मधुर एवं स्नेहयुक्त वचनों को ही स्मरण रखना चाहिये। मैं तो हम चारों भाइयों के पुनः प्रेमपूर्वक मिलन वाले दिन की व्यग्रता से प्रतीक्षा कर रहा हूँ।"

इस प्रकार भरत के वियोग में व्याकुल राम सीता और लक्ष्मण के साथ गोदावरी के शीतल जल में स्नान कर के अपने आश्रम वापस आये।

शूपर्णखा

पंचवटी के अपने आश्रम में रामचन्द्र सीता के साथ सुखपूर्वक रहने लगे। एक दिन जब राम और लक्ष्मण वार्तालाप कर रहे थे तो वहाँ पर अकस्मात् रावण की बहन शूपर्णखा नामक राक्षसी आ पहुँची। वह राम के तेजस्वी मुखमण्डल, कमल–नयन तथा नीलाम्बुज सदृश शरीर की कान्ति को चकित होकर देख रही थी। राम का मुख सुन्दर था किन्तु शूपर्णखा का मुख अत्यन्त कुरूप था। राम का कटिप्रदेश एवं उदर क्षीण था किन्तु शूपर्णखा बेडौल लंबे पेट वाली थी। राम के नेत्र विशाल एवं मनोहर थे किन्तु शूपर्णखा की आँखें कुरूप तथा डरावनी थीं। राम की वाणी मधुर थी किन्तु शूर्पणखा भैरवनाद करने वाली थी। राम का रुप मनोहर था किन्तु शूर्पणखा का रूप वीभत्स एवं विकराल था। उन्हें देख कर उसके हृदय में वासना का भाव जागृत हो उठा।

इच्छानुसार रूप धारण करने वाली वह राक्षसी मनोहर रूप बनाकर राम के पास पहुँची और बोली, "तुम कौन हो? राक्षसों के इस देश में तुम कैसे आ गये? तुम्हारा वेश तो तपस्वियों जैसा है, किन्तु हाथों में धनुष बाण भी है। साथ में स्त्री भी है। ये बातें परस्पर विरोधी हैं। तुम मुझे अपना परिचय दो"

राम ने सरल भाव से कहा, "हे देवि! मैं अयोध्या के चक्रवर्ती नरेश महाराजा दशरथ का ज्येष्ठ पुत्र राम हूँ। मेरे साथ मेरा छोटा भाई लक्ष्मण और जनकपुरी के महाराज जनक की राजकुमारी तथा मेरी पत्नी सीता हैं। पिताजी की आज्ञा से हम चौदह वर्ष के लिये वनों में निवास करने के लिये आये हैं। यही हमारा परिचय है। अब तुम अपना परिचय देकर मेरी इस जिज्ञासा को शान्त करो क्योंकि मुझे प्रतीत होता है कि तुम कोई इच्छानुसार रूप धारण करने वाली राक्षसी हो?"

राम के प्रश्न का उत्तर देते हुए वह राक्षसी बोली, "मेरा नाम शूर्पणखा है। मैं लंका के नरेश परम प्रतापी महाराज रावण की बहन हूँ। समस्त संसार में विख्यात विशालकाय कुम्भकरण और परम नीतिवान विभीषण भी मेरे भाई हैं। वे सब लंका में निवास करते हैं। पंचवटी के स्वामी अत्यन्त पराक्रमी खर और दूषण भी मेरे भाई हैं। संसार में शायद ही कोई वीर ऐसा होगा जो इन दोनों भाइयों के साथ समर भूमि में युद्ध करके उन्हें पराजित कर सके। मैं सर्व प्रकार से सम्पन्न हूँ और अपनी इच्छा तथा शक्ति से समस्त लोकों में विचरण कर सकती हूँ।

यह तुम्हारी पत्नी सीता मेरी दृष्टि में कुरूप, ओछी, विकृत मानवी है और तुम्हारे योग्य नहीं है। अतः तुम मेरे पति बन जाओ, मैं ही तुम्हारे अनुरूप हूँ। इस अबला सीता को लेकर तुम क्या करोगे। तुम्हारी भार्या बनने के पश्चात् मैं तुम्हारे भाई और सीता को खा जाउँगी और तुम्हारे साथ विचरण करूँगी।"

उसके प्रस्ताव के उत्तर में राम मुसकाते हुए बोले, "भद्रे! तुम देख रही हो कि मैं विवाहित हूँ और मेरी पत्नी मेरे साथ है। हाँ, मेरा भाई लक्ष्मण यहाँ अकेला है। वह सुन्दर, शीलवान एवं बल–पराक्रम से सम्पन्न है। यदि तुम चाहो तो उसे सहमत करके उससे विवाह कर सकती हो।"

राम का उत्तर सुन शूपर्णखा ने लक्ष्मण के पास जाकर कहा, "हे राजकुमार! तुम सुन्दर हो और मैं युवा हूँ। तुम्हारे इस सुन्दर रूप के योग्य मैं ही हूँ, अतः मैं ही तुम्हारी परम सुन्दरी भार्य हो सकती हूँ। मुझे अंगीकार कर लेने पर तुम मेरे साथ इस दण्डकारण्य में सुखपूर्वक विचरण कर सकोगे।"

शूपर्णखा के इस विवाह प्रस्ताव को सुन कर वाक्–पटु लक्ष्मण ने कहा, "सुन्दरी! मैं राम का एक तुच्छ सा दास हूँ। मुझसे विवाह करके तुम केवल दासी कहलाओगी। अच्छा यही है कि तुम राम से ही विवाह कर के उनकी छोटी भार्या बन जाओ। तुम्हारा रूप–सौन्दर्य उन्हीं के योग्य है।"

लक्ष्मण के परिहास को न समझ कर शूपर्णखा ने उसे अपनी प्रशंसा समझा। वह पुनः राम के पास जा कर क्रोध से बोली, "हे राम! इस कुरूपा सीता के लिये तुम मेरा विवाह प्रस्ताव अस्वीकार कर के मेरा अपमान कर रहे हो। इसलिये पहले मैं इसे ही मार कर समाप्त किये देती हूँ। फिर तुम्हारे साथ विवाह कर के मैं अपना जीवन आनन्दपूर्वक व्यतीत करूँगी।"

इतना कह कर प्रचंड क्रोध करती हुई शूपर्णखा विद्युत वेग से सीता पर झपटी। राम ने उसके इस आकस्मिक आक्रमण को तत्परतापूर्वक रोका और लक्ष्मण से बोले, "हे वीर! इस दुष्टा राक्षसी से अधिक वाद–विवाद करना या इसके साथ हास्य विनोद करना उचित नहीं है। इसने तो जानकी की हत्या ही कर डाली होती। तुम्हें इस कुरूपा और कुलटा राक्षसी को उसके किसी अंग से विहीन कर देना चाहिये।"

राम की आज्ञा पाते ही लक्ष्मण ने तत्काल खड्ग निकाला और दुष्टा शूर्पणखा के नाक–कान काट डाले। पीड़ा और घोर अपमान के कारण रोती हुई शूपर्णखा अपने भाइयों, खर–दूषण, के पास पहुँची और घोर चीत्कार कर के उनके सामने गिर पड़ी।

किष्किन्धाकाण्ड

पम्पासर में राम–हनुमान भेंट

कमल, उत्पल तथा मत्स्यों से परिपूर्ण पम्पा सरोवर के पास पहुँचने पर वहाँ के रमणीय दृश्यों को देख कर राम को फिर सीता का स्मरण हो आया और वे पुनः विलाप करने लगे। उन्होंने लक्ष्मण से कहा, "हे सौमित्र! इस पम्पा सरोवर का जल वैदूर्यमणि के समान स्वच्छ एव श्याम है। इसमें खिले हुये कमल पुष्प और क्रीड़ा करते हुये जल पक्षी कैसे सुशोभित हो रहे हैं! चौत्र माह ने वृक्षों को पल्लवित कर फूलों और फलों से समृद्ध कर दिया है। चारों ओर

मनोहर सुगन्ध बिखर रही है। यदि आज सीता भी अपने साथ होती तो इस दृश्य को देख कर उसका हृदय कितना प्रफुल्लित होता। ऐसा प्रतीत होता है कि वसन्तरूपी अग्नि मुझे जलाकर भस्म कर देगी। हा सीते! तुम न जाने किस दशा में रो–रो कर अपना समय बिता रही होगी। मैं कितना अभागा हूँ कि तुम्हें अपने साथ वन में ले आया, परन्तु तुम्हारी रक्षा न कर सका। हा! पर्वत–शिखरों पर नृत्य करते हुये मोरों के साथ कामातुर हुई मोरनियाँ कैसा नृत्य कर रहीं हैं। हे लक्ष्मण! जिस स्थान पर सीता होगी, यदि वहाँ भी इसी प्रकार वसन्त खिला होगा तो वह उसके विरह–विदग्ध हृदय को कितनी पीड़ा पहुँचा रहा होगा। वह अवश्य ही मेरे वियोग में रो–रो कर अपने प्राण दे रही होगी। मैं जानता हूँ, वह मेरे बिना पानी से बाहर निकली हुई मछली की भाँति तड़प रही होगी। उसकी वही दशा हो रही होगी जो आज मेरी हो रही है, अपितु मुझसे अधिक ही होगी क्योंकि स्त्रियाँ पुरुषों से अधिक भावुक और कोमल होती हैं। यह सम्पूर्ण दृश्य इतना मनोरम है कि यदि सीता मेरे साथ होती तो इस स्थान को छोड़ कर मैं कभी अयोध्या न जाता। सदैव उसके साथ यहीं रमण करता। किन्तु यह तो मेरा स्वप्नमात्र है। आज तो यह अभागा प्यारी सीता के वियोग में वनों में मारा–मारा फिर रहा है। जिस सीता ने मेरे लिये महलों के सुखों का परित्याग किया, मैं उसी की वन में रक्षा नहीं कर सका। मैं कैसे यह जीवन धारण करूँ? मैं अयोध्या जा कर किसी को क्या बताउँगा? माता कौशल्या को क्या उत्तर दूँगा? मुझे कुछ सुझाई नहीं देता। मैं इस विपत्ति के पहाड़ के नीचे दबा जा रहा हूँ। मुझे इस विपत्ति से छुटकारे का कोई उपाय नहीं सूझ रहा है। मैं यहीं पम्पासर में डूब कर अपने प्राण दे दूँगा। भाई लक्ष्मण! तुम अभी अयोध्या लौट जाओ। मैं अब जनकनन्दिनी सीता के बिना जीवित नहीं रह सकता।"

बड़े भाई की यह दशा देख कर लक्ष्मण बोले, "हे पुरुषोत्तम राम! आप शोक न करें। हे तात रघुनन्दन! आप यदि रावण पाताल में या उससे भी अधिक दूर चला जाये तो भी वह अब किसी भी तरह से जीवित नहीं रह सकता। आप पहले उस पापी राक्षस का पता

लगाइये। फिर वह सीता को वापस करेगा या अपने प्राणों से हाथ धो बैठेगा। आप तो अत्यन्त धैर्यवान पुरुष हैं। आपको ऐसी विपत्ति में सदैव धैर्य रखना चाहिये। हम लोग अपने धैर्य, उत्साह और पुरुषार्थ के बल पर ही रावण को परास्त कर के सीता को मुक्त करा सकेंगे। आप धैर्य धारण करें।"

लक्ष्मण के इस प्रकार से समझाने पर अत्यन्त सन्तप्त राम ने शोक और मोह का परित्याग कर के धैर्य धारण किया। वे पम्पा सरोवर को लाँघ कर आगे बढ़े।

चलते–चलते जब वे ऋष्यमूक पर्वत के निकट पहुँचे तो अपने साथियों के साथ उस पर्वत पर विचरण करने वाले बलवान वानरराज सुग्रीव ने इन दोनों तेजस्वी युवकों को देखा। इन्हें देख कर सुग्रीव के मन में शंका हुई और उन्होंने अपने मन्त्रियों से कहा, "निश्चय ही बालि ने इन दोनों धनुर्धारी वीरों को छद्‌मवेश में भेजा है।"

भयभीत होकर सुग्रीव अपने मन्त्रियों के साथ ऋष्यमूक पर्वत के शिखर चले गये। सुग्रीव को इस प्रकार चिन्तित देख कर वाक्पटु हनुमान बोले, "हे वानराधिपते! बालि तो शापवश यहाँ आ ही नहीं सकता, आप सहसा ऐसे चिन्तित क्यों हो रहे हैं?"

हनुमान के प्रश्न को सुन कर सुग्रीव बोले, "मुझे ऐसा प्रतीत होता है कि ये दोनों पुरुष बालि के भेजे हुये गुप्तचर हैं और तपस्वियों का भेष धारण कर के हमारी खोज में आये हैं। हमें इनकी ओर से निश्चिन्त नहीं होना चाहिये। हनुमान! तुम वेष बदल कर इनके पास जाओ और इनका सम्पूर्ण भेद ज्ञात करो। यदि मेरा सन्देह ठीक हो तो शीघ्र इस विषय में कुछ करना।"

सुग्रीव का निर्देश पा कर हनुमान भिक्षु का भेष धारण कर राम–लक्ष्मण के पास पहुँचे। उन दोनों को प्रणाम करके वे अत्यन्त विनीत एवं मृदु वाणी में बोले, "हे वीरों! आप दोनों सत्यपराक्रमी एवं देवताओं के समान प्रभावशाली जान पड़ते हैं। आप लोग इस वन्य प्रदेश में किसलिये आये हैं? आपके अंगों की कान्ति सुवर्ण के समान

प्रकाशित हो रही है। आपकी विशाल भुजाओं और वीर वेश को देखकर ऐसा प्रतीत होता है कि आप इन्द्र को भी परास्त करने की क्षमता रखते हैं, परन्तु फिर भी आपका मुखमण्डल कुम्हलाया हुआ है और आप ठण्डी साँसे भर रहे हैं। इसका क्या कारण है? कृपया आप अपना परिचय दीजिये। आप इस प्रकार मौन क्यों हैं? यहाँ पर्वत पर वानरश्रेष्ठ सुग्रीव रहते हैं। उनके भाई बालि ने उन्हें घर से निकाल दिया है। वानरशिरोमणि सुग्रीव आप दोनों से मित्रता करना चाहते हैं। उन्हीं की आज्ञा से मैं आपका परिचय प्राप्त करने के लिये यहाँ आया हूँ। मैं वायुदेवता का पुत्र हूँ और मेरा नाम हनुमान है।मैं भी वानर जाति का हूँ। अब आप कृपया अपना परिचय दीजिये। मैं सुग्रीव का मन्त्री हूँ और इच्छानुकूल वेष बदलने की क्षमता रखता हूँ। मैंने आपको सब कुछ बता दिया है। आशा है आप भी अपना परिचय दे कर मुझे कृतार्थ करेंगे और वन में पधारने का कारण बतायेंगे।"

हनुमान की चतुराई भरी स्पष्ट बातों को सुन कर राम ने लक्ष्मण से कहा, "हे सौमित्र! इनकी बातों से मुझे पूर्ण विश्वास हो गया है कि ये महामनस्वी वानरराज सुग्रीव के सचिव हैं और उन्हीं के हित के लिये यहाँ आये हैं। इसलिये तुम निर्भय हो कर इन्हें सब कुछ बता दो।"

राम की आज्ञा पाकर लक्ष्मण हनुमान से बोले, "हे वानरश्रेष्ठ! सुग्रीव के गुणों से हम परिचित हो चुके हैं। हम उन्हें ही खोजते हुये यहाँ तक आये हैं। आप सुग्रीव के कथनानुसार जब मैत्री की बात चला रहे हैं वह हमें स्वीकार है। हम अयोध्यापति महाराज दशरथ के पुत्र हैं। ये श्री रामचन्द्र जी उनके ज्येष्ठ पुत्र और मैं इनका छोटा भाई लक्ष्मण हूँ। चौदह वर्ष का वनवास पाकर ये वन में रहने के लिये अपनी धर्मपत्नी सीता और मेरे साथ आये थे। रावण ने सीता जी का हरण कर लिया है। इसी विचार से कि सम्भवतः वे हमारी सहायता कर सकें, हम लोग महाराज सुग्रीव के पास आये हैं। हे वानरराज! जिस चक्रवर्ती सम्राट दशरथ के चरणों में सम्पूर्ण भूमण्डल के राजा–महाराजा सिर झुकाते थे और उनके शरणागत होते थे, उन्हीं

महाराज के ज्येष्ठ पुत्र आज समय के फेर से सुग्रीव की शरण में आये हैं। ताकि महाराज सुग्रीव अपने दलबल सहित इनकी सहायता करें।" इतना कहते हुये लक्ष्मण का कण्ठ अवरुद्ध हो गया।

लक्ष्मण के वचन सुन कर हनुमान बोले, "हे लक्ष्मण! आप लोगो के आगमन से आज हमारा देश पवित्र हुआ। हम लोग आपके दर्शनों से कृतार्थ हुये। जिस प्रकार आप लोग विपत्ति में हैं, उसी प्रकार सुग्रीव पर भी विपत्ति की घटाएँ छाई हुईं हैं। बालि ने उनकी पत्नी का हरण कर लिया है तथा उन्हें राज्य से निकाल दिया है। इसीलिये वे इस पर्वत पर निर्जन स्थान में निवास करते हैं। फिर भी मैं आपको विश्वास दिलाता हूँ कि वे सब प्रकार से आपकी सहायता करेंगे।" इतना कह कर हनुमान बड़े आदर से रामचन्द्र और लक्ष्मण को सुग्रीव के पास ले गये।

राम – सुग्रीव मैत्री

हनुमान अपने साथ राम और लक्ष्मण को लेकर किष्किन्धा पर्वत के मलय शिखर पर, जहाँ पर कि सुग्रीव अपने अन्य मन्त्रियों के साथ बैठे थे, ले गये। सुग्रीव से दोनों भाइयों का परिचय कराते हुये हनुमान ने कहा, "हे महाप्राज्ञ! अयोध्या के महाराज दशरथ के ज्येष्ठ पुत्र महापराक्रमी श्री रामचन्द्र जी अपने अनुज लक्ष्मण जी के साथ यहाँ पधारे हैं। इनके पंचवटी में निवासकाल में इनकी पत्नी सीता जी को लंका का राजा रावण चुरा ले गया। उन्हीं की खोज के लिये ये आपकी सहायता चाहते हैं। ये आपसे मित्रता करने की इच्छा रखते हैं। आपको इनकी मित्रता स्वीकार कर इनका यथोचित सत्कार करना चाहिये क्योंकि ये बड़े गुणवान, पराक्रमी और धर्मात्मा हैं। ये दोनों हमारे लिये परम पूजनीय हैं।"

राम और लक्ष्मण का परिचय पाकर प्रसन्नचित्त सुग्रीव बोले, "हे प्रभो! आप धर्मज्ञ, परम तपस्वी और सब पर दया करने वाले हैं। आप नर होकर भी मुझ वानर से मित्रता कर रहे हैं यह मेरा परम सौभाग्य है। आपकी मित्रता से मुझे ही उत्तम लाभ होगा। मेरा हाथ आपकी

मैत्री के लिये फैला हुआ है, आप इसे अपने हाथ में लेकर परस्पर मैत्री का अटूट सम्बन्ध बना दें।" सुग्रीव के वचन सुन कर राम ने अत्यन्त प्रसन्न होकर सुग्रीव के हाथ को अपने हाथ में लिया फिर प्रेमपूर्वक सुग्रीव को छाती से लगा लिया।

हनुमान ने भिक्षुरूप त्याग कर अग्नि प्रज्जवलित की। राम और सुग्रीव ने अग्नि की प्रदक्षिणा कर मैत्री की शपथ ली और दोनों एक दूसरे के मित्र बन गये। इसके पश्चात् राम और सुग्रीव अपने–अपने आसनों पर बैठ कर परस्पर वार्तालाप करने लगे। सुग्रीव ने कहा, "हे राम! मेरे ज्येष्ठ भ्राता बालि ने मुझे घर से निकाल कर मेरी पत्नी का अपहरण कर लिया है और मेरा राज्य भी मुझसे छीन लिया है। वह अत्यधिक शक्तिशाली है। मैं उससे भयभीत हो कर ऋष्यमूक पर्वत के इस मलयगिरि प्रखण्ड में निवास कर रहा हूँ। आप अत्यन्त पराक्रमी और तेजस्वी हैं। आप मुझे अभय दान देकर बालि के भय से मुक्त करें।"

सुग्रीव के दीन वचन सुन कर राम बोले, "हे सुग्रीव! मित्र तो उपकाररूप फल देने वाला होता है, मैं अपने तीक्ष्ण बाणों से तुम्हारी पत्नी के हरण करने वाले बालि का वध कर दूँगा। अब तुम उसे मरा हुआ ही समझो।"

सुग्रीव ने प्रसन्नतापूर्वक कहा, "हे राम! मेरे मन्त्रियों में श्रेष्ठ सचिव हनुमान मुझे आपकी विपत्ति की सम्पूर्ण कथा बता चुके हैं। आपकी पत्नी सीता आकाश या पाताल में कहीं भी हो, मैं अवश्य उनका पता लगवाऊँगा। रावण तो क्या, इन्द्र आदि देवता भी सीता को मेरे वानरों की दृष्टि से छिपा कर नहीं रख सकते। राघव! कुछ ही दिनों पूर्व एक राक्षस एक स्त्री को लिये जा रहा था। उस समय हम इसी पर्वत पर बैठे थे। तब हमने उस स्त्री के मुख से 'हा राम! हा लक्ष्मण!' शब्द सुने थे। मेरा अनुमान है कि वह सीता ही थी। उसे मैं भली–भाँति देख नहीं पाया। हमें बैठे देख कर उसने कुछ वस्त्राभूषण नीचे फेंके थे। वे हमारे पास सुरक्षित रखे हैं। आप उन्हें पहचान कर देखिये, क्या वे सीता जी के ही है।"

यह कह कर सुग्रीव ने एक वानर को वस्त्राभूषणों को लाने की आज्ञा दी। उन वस्त्राभूषणों को देखते ही राम का धीरज जाता रहा। वे नेत्रों से अश्रु बहाते हुये शोकविह्वल हो गये और धैर्य छोड़ कर पृथ्वी पर गिर पड़े। चेतना लौटने पर वे लक्ष्मण से बोले, "हे लक्ष्मण! सीता के इन आभूषणों को पहचानो। राक्षस के द्वारा हरे जाने पर सीता ने इन आभूषणों पृथ्वी पर गिरा दिया होगा।"

लक्ष्मण ने कहा, "भैया! इन आभूषणों में से न तो मैं हाथों के कंकणों को पहचानता हूँ, न गले के हार को और न ही मस्तक के किसी अन्य आभूषणों को पहचानता हूँ। क्योंकि मैंने आज तक सीता जी के हाथों और मुख की ओर कभी दृष्टि नहीं डाली। हाँ, उनके चरणों की नित्य वन्दना करता रहा हूँ इसलिये इन नूपुरों को अवश्य पहचानता हूँ, ये वास्तव में उन्हीं के हैं।"

राम–सुग्रीव वार्तालाप

राम ने सुग्रीव से कहा, "हे सुग्रीव! मुझे बताओ कि वह भयंकर रूपधारी राक्षस मेरी प्राणेश्वरी सीता को लेकर किस दिशा में गया है? तुम शीघ्र पता लगाओ कि वह राक्षस कहाँ रहता है? वानरराज! धोखे में डालकर और मेरा अपमान करके मेरी प्रियतमा को अपहरण करने वाला वह निशाचर मेरा घोर शत्रु है। मैं आज ही उसका वध कर के सीता को मुक्त कराऊँगा।"

राम के शोक से पीड़ित वचन को सुन कर सुग्रीव ने उन्हें आश्वासन दिया, "हे राम! मैं नीचकुल में उत्पन्न उस पापात्मा राक्षस की शक्ति और गुप्त स्थान से परिचित नहीं हूँ किन्तु मैं आपको विश्वास दिलाता हूँ कि मैं शीघ्र ही ऐसा यत्न करूँगा कि मिथिलेशकुमारी सीता आपको मिल जायें। अतः आप धैर्य धारण करें। इस प्रकार से व्याकुल होना व्यर्थ है। व्याकुल होने पर मनुष्य की बुद्धि गम्भीर नहीं रह पाती। आपको इस प्रकार से अधीर होना शोभा नहीं देता। मुझे भी पत्नी के विरह का महान कष्ट प्राप्त हुआ है तथापि मैं पत्नी के लिये निरन्तर शोक नहीं करता। जब मैं वानर होकर धैर्य धारण कर

सकता हूँ तो आप तो नर हैं, महात्मा हैं, सुशिक्षित हैं, आप मुझसे भी अधिक धैर्य धारण कर सकते हैं। मैं आपको उपदेश नहीं दे रहा हूँ, सिर्फ मित्रता के नाते आपके हित में सलाह दे रहा हूँ।"

सुग्रीव की बात सुन कर राम नेत्रों से अश्रु पोंछ कर बोले, "हे वानरेश! तुमने वही किया है जो एक स्नेही और हितैषी मित्र को करना चाहिये। तुम्हारा कार्य सर्वथा उचित है। सखे! तुम्हारे इस आश्वासन ने मेरी चिन्ता को दूर करके मुझे स्वस्थ बना दिया है। तुम जैसे स्नेही मित्र बहुत कम मिलते हैं। तुम सीता का पता लगाने में मेरी सहायता करो और मैं तुम्हारे सामने ही दुष्ट बालि का वध करूँगा। उसके विषय में तुम मुझे सारी बातें बताओ। विश्वास करो, बालि मेरे हाथों से नहीं बच सकता।"

राम की प्रतिज्ञा से सन्तुष्ट हो कर सुग्रीव बोले, "हे रघुकुलमणि! बालि ने मेरा राज्य और मेरी प्यारी पत्नी मुझसे छीन ली है। अब वह दिन रात मुझे मारने का उपाय सोचा करता है। उसके भय के कारण ही मैं इस पर्वत पर निवास करता हूँ। उससे ही भयभीत होकर मेरे सब साथी एक एक–करके मेरा साथ छोड़ गये हैं। अब ये केवल चार मित्र मेरे साथ रह गये हैं। बालि अत्यन्त बलवान है। उसके भय से मेरे प्राण सूख रहे हैं। बह इतना बलवान है कि उसने दुंदुभि नामक बलिष्ठ राक्षस को देखते देखते मार डाला। जब वह साल के वृक्ष को अपनी भुजाओं में भर कर झकझोरता है तो उसके सारे पत्ते झड़ जाते हैं। उसके असाधारण बल को देख कर मुझे संशय होता है कि आप उसे मार पायेंगे।" सुग्रीव की आशंका को सुन कर लक्ष्मण ने मुस्कुराते हुये कहा, "हे सुग्रीव! तुम्हें इस बात का विश्वास कैसे होगा कि श्री रामचन्द्र जी बालि को मार सकेंगे?"

यह सुन कर सुग्रीव बोला, "सामने जो साल के सात वृक्ष खड़े हैं उन सातों को एक–एक करके वालि ने बींधा है, यदि राम इनमें से एक को भी बींध दें तो मुझे आशा बँध जायेगी। ऐसी बात नहीं है कि मुझे राम की शक्ति पर पूर्ण विश्वास नहीं है किन्तु मैं केवल बालि से भयभीत होने के कारण ही ऐसा कह रहा हूँ।"

सुग्रीव के ऐसा कहने पर राम ने धनुष पर प्रत्यंचा चढ़ाई और बाण छोड़ दिया, जिसने भीषण टंकार करते हुये एक साथ सातों साल वृक्षों को और पर्वत शिखर को भी बींध डाला। राम के इस पराक्रम को देख कर सुग्रीव विस्मित रह गया और उनकी भूरि–भूरि प्रशंसा करते हुए बोला, "प्रभो! बालि को मार कर आप मुझे अवश्य ही निश्चिन्त कर देंगे।"

बालि – वध

तदनन्तर वे सब लोग बालि की राजधानी किष्किन्धापुरी में गये। वहाँ पहुँच कर राम एक गहन वन में ठहर गये और सुग्रीव से कहा, "तुम बालि को युद्ध के लिये ललकारो और निर्भय हो कर युद्ध करो।"

राम के वचनों से उत्साहित हो कर सुग्रीव ने बालि को युद्ध करने के लिये ललकारा। सुग्रीव के इस सिंहनाद को सुन कर बालि को अत्यन्त क्रोध आया। क्रोधित बालि आँधी के वेग से बाहर आया और सुग्रीव पर टूट पड़ा। बालि और सुग्रीव में भयंकर युद्ध छिड़ गया। उन्मत्त हुये दोनों भाई एक दूसरे पर घूंसों और लातों से प्रहार करने लगे। श्री रामचन्द्र जी ने बालि को मारने कि लिये अपना धनुष सँभाला परन्तु दोनों का आकार एवं आकृति एक समान होने के कारण वे सुग्रीव और बालि में भेद न कर सके। इसलिये उन्होंने बाण छोड़ना स्थगित कर दिया। बालि की मार न सह सकने के कारण सुग्रीव ऋष्यमूक पर्वत की ओर भागा। राम लक्ष्मण तथा अन्य वानरों के साथ सुग्रीव के पास पहुँचे। राम को सम्मुख पा कर उसने उलाहना देते हुये कहा, "मुझे युद्ध के लिये भेज कर आप पिटने का तमाशा देखते रहे। बताइये आपने ऐसा क्यों किया? यदि आपको मेरी सहायता नहीं करनी थी तो मुझसे पहले ही स्पष्ट कह देना चाहिये था कि मैं बालि को नहीं मारूँगा, मैं उसके पास जाता ही नहीं।"

सुग्रीव के क्रुद्ध शब्द सुन कर रामचन्द्र ने बड़ी नम्रता से कहा, "सुग्रीव! क्रोध त्यागो और मेरी बात सुनो। तुम दोनों भाई रंग–रूप,

आकार, गति और आकृतियों में एक समान हो अतः मैं तुम दोनों में अन्तर नहीं कर सका और मैंने बाण नहीं छोड़ा। यदि मेरा बाण बालि को लगने के स्थान पर तुम्हें लग जाता तो मैं जीवन भर किसी को मुख दिखाने लायक नहीं रहता। वानरेश्वर! अपनी पहचान के लिये तुम कोई चिह्न धारण कर लो जिससे मैं तुम्हें पहचान लूँ और फिर से युद्ध के लिये जाओ।"

इतना कहकर वे लक्ष्मण से बोले, "हे लक्ष्मण! यह उत्तम लक्षणों से युक्त गजपुष्पी लता फूल रहे है। इसे उखाड़ कर महामना सुग्रीव के गले में पहना दो।" लक्ष्मण ने वैसा ही किया और सुग्रीव फिर से युद्ध करने चला।

इस बार सुग्रीव ने दूने उत्साह से सिंहनाद करते हुये घोर गर्जना की जिसे सुन कर बालि आँधी के वेग से बाहर की ओर दौड़ने को उद्यत हुआ। किन्तु उसकी पत्नी तारा ने भयभीत होकर बालि को रोकते हुये कहा, "हे वीरश्रेष्ठ! अभी आप का युद्ध के लिये जाना श्रेयस्कर नहीं है। सुग्रीव एक बार मार खा कर भाग जाने के पश्चात् फिर युद्ध करने के लिये लौटा है। इससे मेरे मन में शंका उत्पन्न हो रही है। ऐसा प्रतीत होता है कि उसे कोई प्रबल सहायक मिल गया है और वह उसी के बल पर आपको ललकार रहा है। मुझे कुमार अंगद से सूचना मिल चुकी है कि अयोध्या के अजेय राजकुमारों राम और लक्ष्मण के साथ उसकी मैत्री हो गई है। सम्भव है वे ही उसकी सहायता कर रहे हों। राम के पराक्रम के विषय में तो मैंने भी सुना है। वे शत्रुओं को देखते–देखते धराशायी कर देते हैं। यदि वे स्वयं सुग्रीव की सहायता कर रहे हैं तो उनसे लड़ कर आपका जीवित रहना कठिन है। इसलिये उचित यही है कि इस अवसर पर आप बैर छोड़ कर सुग्रीव से मित्रता कर लीजिये। उसे युवराजपद दे दीजिये। वह आपका छोटा भाई है और इस संसार में भाई के समान हितू कोई दूसरा नहीं होता। उससे इस समय मैत्री करने में ही आपका कल्याण है।"

तारा के इस प्रकार समझाने बालि ने कहा, "वरानने! मैं सुग्रीव

की ललकार को सुन कर कायरों की भाँति घर में छिप कर नहीं बैठ सकता और न ललकारने वाले से भयभीत हो कर उसके सम्मुख मैत्री का हाथ ही बढ़ा सकता हूँ। श्री रामचन्द्र जी के विषय में मैं भी जानता हूँ। वे धर्मात्मा हैं और कर्तव्याकर्तव्य को समझने वाले हैं। वे पापकर्म नहीं कर सकते। तुमने मेरे प्रति अपने स्नेह एवं भक्ति का प्रदर्शन कर दिया। अब मुझे मत रोको। मैं सुग्रीव का सामना अवश्य करूँगा और उसके घमण्ड को चूर चूर कर डालूँगा। युद्ध में मैं उससे विजय प्राप्त करूँगा मगर उसके प्राण नहीं लूँगा।"

यह कह कर बालि सुग्रीव के पास पहुँच कर उससे युद्ध करने लगा। दोनों एक दूसरे पर घूंसों और लातों से प्रहार करने लगे। जब राम ने देखा कि सुग्रीव की शक्ति क्षीण होते जा रही है तो उन्होंने एक विषधर सर्प की भाँति बाण को धनुष पर चढ़ा कर बालि को लक्ष्य करके छोड़ दिया। टंकारध्वनि के साथ वह बाण बालि के वक्ष गें जाकर लगा जिससे तह बेसुध हो कर पृथ्वी पर गिर पड़ा।

बालि–राम संवाद

बालि को पृथ्वी पर गिरते देख राम और लक्ष्मण उसके पास जा कर खड़े हो गये। जब बालि की चेतना लौटी और उसने दोनों भाइयों को अपने सम्मुख खड़े देखा तो वह कठोर शब्दों में बोला, "हे रघुनन्दन! आपने छिप कर जो मुझ पर आक्रमण किया, उससे आपने कौन सा गुण प्राप्त कर लिया? किस महान यश का उपार्रजन कर लिया? यद्यपि तारा ने सुग्रीव की और आपकी मैत्री के विषय में मुझे बताया था, परन्तु मैंने आपकी वीरता, शौर्य, पराक्रम, धर्मपरायणता, न्यायशीलता आदि गुणों को ध्यान में रखते हुये उसकी बात नहीं मानी थी और कहा था कि न्यायशील राम कभी अन्याय नहीं करेंगे। आज मुझे ज्ञात हुआ कि आपकी मति मारी गई है। आप दिखावे के लिये धर्म का चोला पहने हुए हैं, वास्तव में आप अधर्मी हैं। आप साधु पुरुष के वेष में एक पापी हैं। मेरा तो आपके साथ कोई बैर भी नहीं है। फिर आपने यह क्षत्रियों को लजाने वाला कार्य क्यों किया? आप

नरेश हैं। राजा के गुण साम, दाम, दण्ड, भेद, दान, क्षमा, सत्य, धैर्य और विक्रम होते हैं। कोई राजा किसी निरपराध को दण्ड नहीं देता। फिर आपने मेरा वध क्यों किया है? हे राजकुमार! यदि आपने मेरे समक्ष आकर मुझसे युद्ध किया होता तो आप अवश्य ही मेरे हाथों मारे गये होते। जिस उद्देश्य के लिये आप सुग्रीव की सहायता कर रहे हैं उसी उद्देश्य को यदि आपने मुझसे कहा होता तो मैं एक ही दिन में मिथिलेश कुमारी को ढूँढ कर आपके पास ला देता। आपकी पत्नी का अपहरण करने वाले दुरात्मा राक्षस रावण के गले में रस्सी बाँध कर आपके समक्ष प्रस्तुत कर देता। आपने अधर्मपूर्वक मेरा वध क्यों किया?"

बालि के कठोर वचनों को सुन कर रामचन्द्र ने कहा, "वानर! धर्म, अर्थ, काम और लौकिक सदाचार के विषय तुम्हें ज्ञान ही नहीं है। तुम अपने वानरोचित चपलतावश तुम व्यर्थ ही मुझ पर क्रोधित हो रहे हो। मैंने तुम्हारा वध अकारण या व्यक्तिगत बैरभाव के कारण से नहीं किया है। सौम्य! पर्वतों, वनों और काननों से युक्त सम्पूर्ण भू–मण्डल इक्ष्वाकु वंश के राजाओं की है। इस समय धर्मात्मा राजा भरत इस पृथ्वी का पालन कर रहे हैं। उनकी आज्ञा से हम सम्पूर्ण पृथ्वी में विचरण करते हुए धर्म के प्रचार के लिये साधुओं की रक्षा तथा दुष्टों का दमन कररहे हैं। तुमने अपने जीवन में काम को ही प्रधानता दी और राजोचित मार्ग पर स्थिर नहीं रहे। छोटा भाई, पुत्र और शिष्य तीनों पुत्र–तुल्य होते हैं। तुमने इस धर्माचरण को त्याग कर अपने छोटे भाई सुग्रीव की पत्नी रुमा का हरण किया जो धर्मानुसार तुम्हारी पुत्रवधू हुई। उत्तम कुल में उत्पन्न क्षत्रिय और राजा का प्रतिनिधि होने के कारण तुम्हारे इस महापाप का दण्ड देना मेरा कर्तव्य था। जो पुरुष अपनी कन्या, बहन अथवा अनुजवधू के पास कामबुद्धि से जाता है, उसका वध करना ही उसके लिये उपयुक्त दण्ड माना गया है। इसीलिये मैंने तुम्हारा वध किया। वानरश्रेष्ठ! अपने इस कार्य के लिये मेरे मन में किसी प्रकार संताप नहीं है। मैंने तुम्हें तुम्हारे पिछले पापों का दण्ड दे कर आगे के लिये तुम्हें निष्पाप कर दिया है। अब तुम निष्पाप हो कर स्वर्ग जाओगे।"

राम का तर्क सुन बालि ने हाथ जोड़कर कहा, "हे राघव! आपका कथन सत्य है। मुझे अपनी मृत्यु पर दुःख नहीं है। मेरा पुत्र अंगद मुझे अत्यन्त प्रिय है और मुझे केवल उसी की चिन्ता है। वह अभी बालक है। उसकी बुद्धि अभी परिपक्व नहीं हुई है। उसे मैं आपकी शरण में सौंपता हूँ। आप इसे सुग्रीव की भाँति ही अभय दें, यही आपसे मेरी प्रार्थना है।" इतना कह कर बालि चुप हो गया और उसके प्राण पखेरू उड़ गये।

तारा का विलाप

जब तारा को बालि की मृत्यु का समाचार मिला तो वह अत्यन्त उद्विग्न हो गई और रोती हुई उस स्थान पर आई जहाँ बालि का शव पड़ा था। तारा और अंगद बालि के शव से लिपट कर बिलख–बिलख कर रोने लगे। उन दोनों दोनों को इस प्रकार रोते देख सुग्रीव को अत्यन्त दुःख हुआ। उसके नेत्रों से अश्रु बहने लगे।

तारा बालि से लिपट कर विलाप कर रही थी, "हे आर्यपुत्र! आप जैसे पराक्रमी वीर की राम ने छिप कर हत्या कर के अत्यन्त निंदनीय कर्म किया है। हे नाथ! आप मौन हो कर क्यों पड़े हैं? आप अपने पुत्र अंगद को किसके सहारे छोड़ गये? देखिये वह किस प्रकार से बिलख–बिलख कर रो रहा है। हे आर्यपुत्र! आज आप ऐसे निर्मोही कैसे हो गये? हे स्वामी! आप मुझे और अंगद को किसके भरोसे छोड़े जा रहे हैं? सुग्रीव! आज तुम्हारा मनोरथ सफल हो गया। अब आनन्द से राज्य का सुख भोगो। आज मेरे पास पुत्र, ऐश्वर्य सब कुछ होते हुये भी मैं विधवा के नाम से पुकारी जाकर संसार में तिरस्कृत जीवन व्यतीत करूँगी। पुत्र अंगद! अपने धर्मप्रेमी पिता का अन्तिम दर्शन कर लो। यमलोक को जाते हुये अपने पिता का हाथ जोड़ कर अभिवादन करो। देखो स्वामी! आपका पुत्र हाथ जोड़ कर आपके सामने खड़ा है। उसे आशीर्वाद क्यों नहीं देते? आज आपने इस युद्धरूपी यज्ञ में मेरे बिना कैसे भाग लिया। बिना अर्द्धांगिनी के तो कोई यज्ञ पूरा नहीं होता।" इस प्रकार तारा नाना प्रकार से से विलाप करने लगी।

बालि के वानर सरदारों ने बड़ी कठिनाई से उसे शव से अलग किया।

धनुष धारण किये राम को देख कर तारा उनके पास आकर बोली, "हे अमलकमलदललोचन राम! आप वीर, तेजस्वी, धर्मात्मा और महान दानवीर हैं। मैं आपसे एक दान माँगती हूँ। जिस बाण से आपने मेरे पति के प्राण लिये हैं उसी बाण से मेरे प्राण भी हर लीजिये ताकि मैं मर कर अपने पति के पास पहुँच जाऊँ। मेरे पतिदेव स्वर्ग में मेरी प्रतीक्षा कर रहे होंगे।"

तारा के मर्मस्पर्शी शब्दों को सुन कर रामचन्द्र बोले, "तारा! तेरा इस प्रकार शोक और विलाप करना व्यर्थ है। सारा संसार परमात्मा के द्वारा बनाये गये विधान के अनुसार चलता है। विधाता की ऐसी ही इच्छा थी, यह सोच कर तुम धैर्य धारण करो। अंगद की कोई चिन्ता मत करो। वह आज से इस राज्य का युवराज होगा। तुम्हारा पति वीर था, वह युद्ध करते हुये वीरगति को प्राप्त हुआ हैय यह तुम्हारे लिये गौरव की बात है। शोक तज कर रोना बन्द करो। रोने से दिवंगत आत्मा को कष्ट पहुँचता है।"

इस प्रकार राम ने तारा को अनेक प्रकार से धैर्य बँधाया। फिर वे सुग्रीव से बोले, "हे वीर! तारा और अंगद को साथ ले जा कर अब तुम बालि के अन्तिम संस्कार की तैयारी करो। अंगद! तुम इस संस्कार के लिये घृत, चन्दन आदि ले आओ। और हे तारा! तुम भी शोक को त्याग कर बालि के लिये अर्थी की तैयारी कराओ।" इस प्रकार रामचन्द्र जी ने सब से कह सुन कर बालि के अन्तिम संस्कार की तैयारी करवाई।

बालि की शवयात्रा में बड़े–बड़े योद्धा और किष्किन्धा निवासी रोते कलपते श्मशान घाट पहुँचे। स्त्रियों के करुणाजनक विलाप से सम्पूर्ण वातावरण शोकाकुल प्रतीत हो रही थी। नदी के तट पर जब चिता बना कर बालि का शव उस पर रखा गया तो सम्पूर्ण वातावरण एक बार फिर करुण चीत्कार से गूँज उठा। तारा पुनः बालि के शव से लिपट गई। वह चिता पर ही उससे लिपट कर विलाप किये जा

रही थी। बड़ी कठिनाई से उसे को बालि के शव से पृथक् किया गया। अन्त में अंगद ने चिता को अग्नि दी। जब बालि का शरीर पंचतत्व में विलीन हो गया तो श्री रामचन्द्र जी ने लक्ष्मण, सुग्रीव, अंगद एवं अन्य प्रमुख वानरों के साथ मिल कर उसके लिये जलांजलि दी।

सुन्दरकाण्ड

हनुमान का सागर पार करना

बड़े–बड़े गजराजों से भरे हुए महेन्द्र पर्वत के समतल प्रदेशमें खड़े हुए हनुमान जी वहाँ जलाशय में स्थित हुए विशालकाय हाथी के समान जान पड़ते थे। सूर्य, इन्द्र, पवन, ब्रह्मा आदि देवों को प्रणाम कर हनुमान जी ने समुद्र लंघन का दृढ़ निश्चय कर लिया और अपने शरीर को असीमित रूप से बढ़ा लिया। उस समय वे अग्नि के समान जान पड़ते थे। उन्होंने अपने साथी वानरों से कहा, "हे मित्रों! जैसे श्री रामचन्द्र जी का छोड़ा हुआ बाण वायुवेग से चलता है वैसे ही तीव्र गति से मैं लंका में जाऊँगा और वहाँ पहुँच कर सीता जी की खोज करूँगा। यदि वहाँ भी उनका पता न चला तो रावण को बाँध कर रामचन्द्र जी के चरणों में लाकर पटक दूँगा। आप विश्वास रखें कि मैं सर्वथा कृतकृत्य होकर ही सीता के साथ लौटूँगा अन्यथा रावण सहित लंकापुर को ही उखाड़ कर लाऊँगा।"

इतना कह कर हनुमान आकाश में उछले और अत्यन्त तीव्र गति से लंका की ओर चले। उनके उड़ते ही उनके झटके से साल आदि अनेक वृक्ष पृथ्वी से उखड़ गये और वे भी उनके साथ उड़ने लगे। फिर थोड़ी दूर तक उड़ने के पश्चात् वे वृक्ष एक–एक कर के समुद्र में गिरने लगे। वृक्षों से पृथक हो कर सागर में गिरने वाले नाना प्रकार के पुष्प ऐसे प्रतीत हो रहे थे मानो शरद ऋतु के नक्षत्रजल की लहरों के साथ अठखेलियाँ कर रहे हों। तीव्र गति से उड़ते हुए

महाकपि पवनसुत ऐसे प्रतीत हो रहे थे जैसे कि वे महासागर एवं अनन्त आकाश का आचमन करते हुये उड़े जा रहे हैं। तेज से जाज्वल्यमान उनके नेत्र हिमालय पर्वत पर लगे हुये दो दावानलों का भ्रम उत्पन्न करते थे। कुछ दर्शकों को ऐसा लग रहा था कि आकाश में तेजस्वी सूर्य और चन्द्र दोनों एक साथ जलनिधि को प्रकाशित कर रहे हों। उनका लाल कटि प्रदेश पर्वत के वक्षस्थल पर किसी गेरू के खान का भ्रम पैदा कर रहा था। हनुमान के बगल से जो तेज आँधी भारी स्वर करती हुई निकली थी वह घनघोर वर्षाकाल की मेघों की गर्जना सी प्रतीत होती थी। आकाश में उड़ते हये उनके विशाल शरीर का प्रतिबम्ब समुद्र पर पड़ता था तो वह उसकी लहरों के साथ मिल कर ऐसा भ्रम उत्पन्न करता था जैसे सागर के वक्ष पर कोई नौका तैरती चली जा रही हो। इस प्रकार हनुमान निरन्तर आकाश मार्ग से लंका की ओर बढ़े जा रहे थे।

हनुमान के अद्‌भुत बल और पराक्रम की परीक्षा करने के लिये देवता, गन्धर्व, सिद्ध और महर्षियों ने नागमाता सुरसा के पास जा कर कहा, "हे नागमाता! तुम जा कर वायुपुत्र हनुमान की यात्रा में विघ्न डाल कर उनकी परीक्षा लो कि वे लंका में जा कर रामचन्द्र का कार्य सफलता पूर्वक कर पायेंगे या नहीं।" ऋषियों के मर्म को समझ कर सुरसा विशालकाय राक्षसनी का रूप धारणकर के समुद्र के मध्य में जा कर खड़ी हो गई और उसने अपने रूप को अत्यन्त विकृत बना लिया। हनुमान को अपने सम्मुख पा कर वह बोली, "आज मैं तुम्हें अपना आहार बना कर अपनी क्षुधा को शान्त करूँगी। मैं चाहती हूँ, तुम स्वयं मेरे मुख में प्रवेश करो ताकि मुझे तुम्हें खाने के लिये प्रयत्न न करना पड़े।"

सुरसा के शब्दों को सुन कर हनुमान बोले, "तुम्हारी इच्छा पूरी करने में मुझे कोई आपत्ति नहीं है, किन्तु इस समय मैं अयोध्या के राजकुमार रामचन्द्रजी के कार्य से जा रहा हूँ। उनकी पत्नी को रावण चुरा कर लंका ले गया है। मैं उनकी खोज करने के लिये जा रहा हूँ तुम भी राम के राज्य में रहती हो, इसलिये इस कार्य में मेरी

सहायता करना तुम्हारा कर्तव्य है। लंका से मैं जब अपना कार्य सिद्ध कर के लौटूँगा, तब अवश्य तुम्हारे मुख में प्रवेश करूँगा। यह मैं तुम्हें वचन देता हूँ।"

हनुमान की प्रतिज्ञा पर ध्यान न देते हुये सुरसा बोली, "जब तक तुम मेरे मुख में प्रवेश न करोगे, मैं तुम्हारे मार्ग से नहीं हटूँगी।"

यह सुन कर हनुमान बोले, "अच्छा तुम अपने मुख को अधिक से अधिक खोल कर मुझे निगल लो। मैं तुम्हारे मुख में प्रवेश करने को तैयार हूँ।" यह कह कर महाबली हनुमान ने योगशक्ति से अपने शरीर का आकार बढ़ा कर चालीस कोस का कर लिया। सुरसा भी अपूर्व शक्तियों से सम्पन्न थी। उसने तत्काल अपना मुख अस्सी कोस तक फैला लिया हनुमान ने अपना शरीर एक अँगूठे के समान छोटा कर लिया और तत्काल उसके मुख में घुस कर बाहर निकल आये। फिर बोले, "अच्छा सुरसा, तुम्हारी इच्छा पूरी हुई अब मैं जाता हूँ। प्रणाम!" इतना कह कर हनुमान आकाश में उड़ गये।

पवनसुत थोड़ी ही दूर गये थे कि सिंहिका नामक राक्षसनी की उन पर दृष्टि पड़ी। वह हनुमान को खाने के लिये लालायित हो उठी। वह छाया ग्रहण विद्या में पारंगत थी। जिस किसी प्राणी की छाया पकड़ लेती थी, वह उसके बन्धन में बँधा चला आता था। जब उसने हनुमान की छाया को पकड़ लिया तो हनुमान की गति अवरुद्ध हो गई। उन्होंने आश्चर्य से सिंहिका की ओर देखा। वे समझ गये, सुग्रीव ने जिस अद्भुत छायाग्राही प्राणी की बात कही थी, सम्भवतः यह वही है। यह सोच कर उन्होंने योगबल से अपने शरीर का विस्तार मेघ के समान अत्यन्त विशाल कर लिया। सिंहिंका ने भी अपना मुख तत्काल आकाश से पाताल तक फैला लिया और गरजती हुई उनकी ओर दौड़ी। यह देख कर हनुमान अत्यन्त लघु रूप धारण करके उसके मुख में जा गिरे और अपने तीक्ष्ण नाखूनों से उसके मर्मस्थलों को फाड़ डाला। इसके पश्चात् बड़ी फुर्ती से बाहर निकल कर आकाश की ओर उड़ चले। राक्षसनी क्षत–विक्षत हो कर समुद्र में गिर पड़ी और मर गई।

हनुमान जी का लंका में प्रवेश

चार सौ योजन अलंघनीय समुद्र को लाँघ कर महाबली हनुमान जी त्रिकूट नामक पर्वत के शिखर पर स्वस्थ भाव से खड़े हो गये। कपिश्रेष्ठ ने वहाँ सरल (चीड़), कनेर, खिले हुए खजूर, प्रियाल (चिरौंजी), मुचुलिन्द (जम्बीरी नीबू), कुटज, केतक (केवड़े), सुगन्धपूर्ण प्रियंगु (पिप्पली), नीप (कदम्ब या अशोक),छितवन, असन, कोविदार तथा खिले हुए करवीर भी देखे। फूलों के भार से लदे हुए तथा मुकुलित (अधखिले), बहुत से वृक्ष भी उन्हें दृष्टिगोचर हुए जिनकी डालियाँ झूम रही थीं और जिन पर नाना प्रकार के पक्षी कलरव कर रहे थे।

हनुमान जी धीरे धीरे अद्‌भुत शोभा से सम्पन्न रावणपालित लंकापुरी के पास पहुँचे। उन्होंने देखा, लंका के चारों ओर कमलों से सुशोभित जलपूरित खाई खुदी हुई है। वह महापुरी सोने की चहारदीवारी से घिरी हुई हैं। श्वेत रंग की ऊँची ऊँची सड़कें उस पुरी को सब ओर से घेरे हुए थीं। सैकड़ों गगनचुम्बी अट्टालिकाएँ ध्वजा–पताका फहराती हुई उस नगरी की शोभा बढ़ा रही हैं।

उस पुरी के उत्तर द्वार पर पहुँच कर वानरवीर हुनमान जी चिन्ता में पड़ गये। लंकापुरी भयानक राक्षसों से उसी प्रकार भरी हुई थी जैसे कि पाताल की भोगवतीपुरी नागों से भरी रहती है। हाथों में शूल और पट्टिश लिये बड़ी बड़ी दाढ़ों वाले बहुत से शूरवीर घोर राक्षस लंकापुरी की रक्षा कर रहे थे। नगर की इस भारी सुरक्षा, उसके चारों ओर समुद्र की खाई और रावण जैसे भयंकर शत्रु को देखकर हनुमान जी विचार करने लगे कि यदि वानर वहाँ तक आ जायें तो भी वे व्यर्थ ही सिद्ध होंगे क्योंकि युद्ध द्वारा देवता भी लंका पर विजय नहीं पा सकते। रावणपालित इस दुर्गम और विषम (संकटपूर्ण) लंका में महाबाहु रामचन्द्र आ भी जायें तो क्या कर पायेंगे? राक्षसों पर साम, दान और भेद की नीति का प्रयोग असम्भव दृष्टिगत हो रहा है। यहाँ तो केवल चार वेगशाली वानरों अर्थात् बालिपुत्र अंगद, नील, मेरी और बुद्धिमान राजा सुग्रीव की ही पहुँच

हो सकती है। अच्छा पहले यह तो पता लगाऊँ कि विदेहकुमारी सीता जीवित भी है या नहीं? जनकिशोरी के दर्शन करने के पश्चात् ही मैं इस विषय में कोई विचार करूँगा।

उन्होंने सोचा कि मैं इस रूप से राक्षसों की इस नगरी में प्रवेश नहीं कर सकता क्योंकि बहुत से क्रूर और बलवान राक्षस इसकी रक्षा कर रहे हैं। जानकी की खोज करते समय मुझे स्वयं को इन महातेजस्वी, महापराक्रमी और बलवान राक्षसों से गुप्त रखना होगा। अतः मुझे रात्रि के समय ही नगर में प्रवेश करना चाहिये और सीता के अन्वेषण का यह समयोचित कार्य करने के लिये ऐसे रूप का आश्रय लेना चाहिये जो आँख से देखा न जा सके, मात्र कार्य से ही यह अनुमान हो कि कोई आया था।

देवताओं और असुरों के लिये भी दुर्जय लंकापुरी को देखकर हनुमान जी बारम्बार लम्बी साँस खींचते हुये विचार करने लगे कि किस उपाय से काम लूँ जिसमें दुरात्मा राक्षसराज रावण की दृष्टि से ओझल रहकर मैं मिथिलेशनन्दिनी जनककिशोरी सीता के दर्शन प्राप्त कर सकूँ। अविवेकपूर्ण कार्य करने वाले दूत के कारण बने बनाये काम भी बिगड़ जाते हैं। यदि राक्षसों ने मुझे देख लिया तो रावण का अनर्थ चाहने वाले श्री राम का यह कार्य सफल न हो सकेगा। अतः अपने कार्य की सिद्धि के लिये रात में अपने इसी रूप में छोटा सा शरीर धारण करके लंका में प्रवेश करूँगा और घरों में घुसकर जानकी जी की खोज करूँगा।

ऐसा निश्चय करके वीर वानर हनुमान सूर्यास्त की प्रतीक्षा करने लगे। सूर्यास्त हो जाने पर रात के समय उन्होंने अपने शरीर को छोटा बना लिया और उछल कर उस रमणीय लंकापुरी में प्रवेश कर गये।

लंका मैं सीता की खोज

इस प्रकार से सुग्रीव का हित करने वाले कपिराज हनुमान जी ने लंकापुरी में प्रवेश कर मानो शत्रुओं के सिर पर अपना बायाँ पैर

रख दिया। वे राजमार्ग का आश्रय ले उस रमणीय लंकापुरी की और चले। वहाँ पर स्वर्ण निर्मित विशाल भवनों में दीपक जगमगा रहे थे। कहीं नृत्य हो रहा था और कहीं सुरा पी कर मस्त हुये राक्षस अनर्गल प्रलाप कर रहे थे। हनुमान जी ने देखा कि बहुत से राक्षस मन्त्रों का जाप करते हुए स्वाध्याय में तत्पर थे। कोई जटा बढ़ाये तो कोई मूड़ मुड़ाये रावण के अनेक गुप्तचर भी उन्हें दृष्टिगत हुए।

हनुमान जी ने नगर के सब भवनों तथा एकान्त स्थानों को छान डाला, परन्तु कहीं सीता दिखाई नहीं दीं। अन्त में उन्होंने सब ओर से निराश हो कर रावण के उस राजप्रासाद में प्रवेश किया जिसमें लंका के मन्त्री, सचिव एवं प्रमुख सभासद निवास करते थे। उन सब का भली–भाँति निरीक्षण करने के पश्चात् वे रावण के अत्यन्त प्रिय बृहत्शाला की ओर चले। वहाँ की सीढ़ियाँ रत्नजटित थीं। स्वर्ण निर्मित वातायन दीपों के प्रकाश से जगमगा रही थीं। स्थान–स्थान पर हाथी दाँत का काम किया हुआ था। छतें और स्तम्भ मणियों तथा रत्नों से जड़े हुये थे। इन्द्र के भवन से भी अधिक सुसज्जित इस भव्य शाला को देख कर हनुमान चकित रह गये। उन्होंने एक ओर स्फटिक के सुन्दर पलंग पर रावण को हुए मदिरा के मद में पड़े देखा जो कि अनिंद्य सुन्दरियों से घिरे हए था। उसके नेत्र अर्द्धनिमीलित हो रहे थे। अनेक रमणियों के वस्त्राभूषण अस्त–व्यस्त हो रहे थे और वे सुरा के प्रभाव से अछूती भी नहीं थीं। वहाँ भी सीता को न पा कर पवनसुत बाहर निकल आये।

फिर हनुमान जी ने रावण के अन्य निकट सम्बंधियों के निवास स्थानों में सीता की खोज की किन्तु वहाँ भी उन्हें असफलता ही मिली। तत्पश्चात् हनुमान ने रावण की पटरानी मन्दोदरी के भवन में प्रवेश किया। अपने शयनागार में मन्दोदरी एक स्फटिक से श्वेत पलंग पर सो रही थी। उसके शैय्या के चारों ओर रंग–बिरंगी सुवासित पुष्पमालायें झूल रही थीं। उसके अद्भुत रूप, लावण्य, सौन्दर्य एवं यौवन को देख कर हनुमान के मन में विचार आया, सम्भवतः यही जनकनन्दिनी सीता हैं, परन्तु उसी क्षण उनके मन में

एक और विचार उठा कि ये सीता नहीं हो सकतीं क्योंकि रामचन्द्र जी के वियोग में पतिव्रता सीता न तो सो सकती हैं और न इस प्रकार आभूषण आदि पहन कर श्रृंगार ही कर सकती हैं। अतएव यह स्त्री अनुपम लावण्यमयी होते हुये भी सीता कदापि नहीं है। यह सोच कर वे उदास हो गये और मन्दोदरी के कक्ष से बाहर निकल आये।

अकस्मात् वे सोचने लगे कि आज मैंने पराई स्त्रियों को अस्त–व्यस्त वेष में सोते हुये देख कर भारी पाप किया है। वे इस पर पश्चाताप करने लगे। फिर यह विचार कर उन्होंने अपने मन को शान्ति दी कि उन्हें देख कर मेरे मन में कोई विकार उत्पन्न नहीं हुआ इसलिये यह पाप नहीं है। फिर जिस उद्देश्य के लिये मुझे भेजा गया है, उसकी पूर्ति के लिये मुझे अनिवार्य रूप से स्त्रियों का अवलोकन करना पड़ेगा। इसके बिना मैं अपना कार्य कैसे पूरा कर सकूँगा। फिर वे सोचने लगे मुझे सीता जी कहीं नहीं मिलीं। रावण ने उन्हें मार तो नहीं डाला? यदि ऐसा है तो मेरा सारा परिश्रम व्यर्थ गया। नहीं, मुझे यह नहीं सोचना चाहिये। जब तक मैं लंका का कोना–कोना न छान मारूँ, तब तक मुझे निराश नहीं होना चाहिये। यह सोच कर अब उन्होंने ऐसे–ऐसे स्थानों की खोज आरम्भ की, जहाँ तनिक भी असावधानी उन्हें यमलोक तक पहुँचा सकती थी। उन स्थानों में उन्होंने रावण द्वारा हरी गई अनुपम सुन्दर नागकन्याओं एवं किन्नरियों को भी देखा, परन्तु सीता कहीं नहीं मिलीं। सब ओर से निराश हो कर उन्होंने सोचा, मैं बिना सीता जी का समाचार लिये लौट कर किसी को मुख नहीं दिखा सकता। इसलिये यहीं रह कर उनकी खोज करता रहूँगा, अथवा अपने प्राण दे दूँगा। यह सोच कर भी उन्होंने सीता को खोजने का कार्य बन्द नहीं किया।

हनुमान जी अशोकवाटिका में

हनुमान जी सीता की खोज के अपने निश्चय पर अडिग हो गये। उन्होंने प्रण कर लिया कि जब तक मैं यशस्विनी श्री रामपत्नी सीता के दर्शन न कर लूँगा तब तक इस लंकापुरी में बारम्बार उनकी

खोज करता ही रहूँगा। इधर यह अशोकवाटिका दृष्टिगत हो रही है जिसके भीतर अनेक विशाल वृक्ष हैं। इस वाटिका में मैंने अभी तक अनुसंधान नहीं किया है अतः अब इसी में चलकर जनककुमारी वैदेही को ढूँढना चाहिये।

वह अशोकवाटिका चारों ओर से ऊँचे परकोटों से घिरी हुई थी। अतः वाटिका के भीतर जाने के उद्देश्य से हनुमान जी उसकी चहारदीवारी पर चढ़ गये। चहारदीवारी पर बैठे हुए उन्होंने देखा कि वहाँ साल, अशोक, निम्ब और चम्पा के वृक्ष भली–भाँति खिले हुए थे। बहुवार, नागकेसर और बन्दर के मुँह की भाँति लाल फल देने वाले आम भी पुष्प मञ्जरियों से सुशोभित हो रहे थे। अमराइयों से युक्त वे सभी वृक्ष शत–शत लताओं से आवेष्टित हो रहे थे। हनुमान जी प्रत्यञ्चा से छूटे हुए बाण के समान उछले और उन वृक्षों की वाटिका में जा पहुँचे।

वह विचित्र वाटिका स्वर्ण और रजत के समान वर्ण वाले वृक्षों द्वारा सब ओर से घिरी हुई थी और नाना प्रकार के पक्षियों के कलरव से गुंजायमान हो रही थी। भाँति–भाँति के विहंगमों और मृगसमूहों से उसकी विचित्र शोभा हो रही थी। वह विचित्र काननों से अलंकृत थी और नवोदित सूर्य के समान अरुण रंग की दिखाई देती थी। फूलों और फलों से लदे हुए नाना प्रकार के वृक्षों से व्याप्त हुई उस अशोकवाटिका का मतवाले कोकिल और भ्रमर सेवन करते थे। मृग और द्विज (पक्षी) मदमत्त हो उठते थे। मतवाले मोरों का कलनाद वहाँ निरन्तर गूँजता रहता था। वाटिका में जहाँ–तहाँ विभिन्न आकारों वाली बावड़ियाँ थीं जो उत्तम जल और मणिमय सोपानों से युक्त थीं। जल के नीचे की फर्श स्फटिक मणि की बनी हुई थी और बावड़ियों के तटों पर तरह–तरह के विचित्र सुवर्णमय वृक्ष शोभा दे रहे थे। उनमें खिले हुए कमलों के वन, चक्रवाकों के जोड़े, पपीहा, हंस और सारस वहाँ की शोभा बढ़ा रहे थे। उस अशोकवाटिका में विश्वकर्मा के बनाये हुए बड़े–बड़े महल और कृत्रम कानन सब ओर से उसकी शोभा बढ़ा रहे थे।

तदनन्तर महाकपि हनुमान ने एक सुवर्णमयी शिंशपा (अशोक) वृक्ष देखा जो बहुत से लतावितानों और अगणित पत्तों से व्याप्त था तथा सब ओर से सुवर्णमयी वेदिकाओं से घिरा था। महान वेगशाली हनुमान जी उस अशोक वृक्ष पर यह सोचकर चढ़ गये कि मैं यहीं से श्री रामचन्द्र जी के दर्शन के लिये उत्सुक हुई विदेहनन्दिनी सीता को देखूँगा जो दुःख से आतुर हो इच्छानुसार इधर–उधर आती होंगीं। यह प्रातःकाल की सन्ध्योपासना का समय है और सन्ध याकालिक उपासना के लिये वैदेही अवश्य ही यहाँ पर पधारेंगी। ऐसा सोचते हुए महात्मा हनुमान जी नरेन्द्रपत्नी सीता के शुभागमन की प्रतीक्षा में तत्पर हो उस अशोकवृक्ष पर छिपे रहकर उस सम्पूर्ण वन पर दृष्टिपात करते रहे।

उस अशोकवाटिका में वानर–शिरोमणि हनुमान ने थोड़ी ही दूर पर एक गोलाकार ऊँचा एक हजार खंभों वाला गोलाकार प्रासाद देखा जो कैलास पर्वत के समान श्वेत वर्ण का था। उसमें मूँगे की सीढ़ियाँ बनीं थीं तथा तपाये हुए सोने की वेदियाँ बनायी गयी थीं। उनकी दृष्टि वहाँ एक सुन्दरी स्त्री पर पड़ी जो मलिन वस्त्र धारण किये राक्षसियों से घिरी हुई बैठी थी। अलंकार शून्य होने के कारण वह कमलों से रहित पुष्करिणी के समान श्रीहीन दिखाई देती थी। वह शोक से पीड़ित, दुःख से संतप्त और सर्वथा क्षीणकाय हो रही थी। उपवास से दुर्बल हुई उस दुखिया नारी के मुँह पर आँसुओं की धारा बह रही थी। वह शोक और चिन्ता में मग्न हो दीन दशा में पड़ी हुई थी एवं निरन्तर दुःख में ही डूबी रहती थी। काली नागिन के समान कटि से नीचे तक लटकी हुई एकमात्र काली वेणी द्वारा उपलक्षित होने वाली वह नारी बादलों के हट जाने पर नीली वनश्रेणी से घिरी हुई पृथ्वी के समान प्रतीत होती थी।

हनुमान जी ने अनुमान किया कि हो–न–हो यही सीता है। इन्हीं के वियोग में दशरथनन्दन राम व्याकुल हो रहे हैं। यह तपस्विनी ही उनके हृदय में अक्षुण्ण रूप से निवास करती हैं। इन्हीं सीता को पुनः प्राप्त करने के लिये रामचन्द्रजी ने बालि का वध कर के सुग्रीव को

उनका खोया हुआ राज्य दिलाया है। इन्हीं को खोज पाने के लिये मैंने विशाल सागर को पार कर के लंका के भवन अट्टालिकाओं की खाक छानी है। इस अद्भुत सुन्दरी को प्राप्त करने के लिये रघुनाथ जी सागर पर्वतों सहित यदि सम्पूर्ण धरातल को भी उलट दें तो भी कम है। ऐसी पतिपरायणा साध्वी देवी के सम्मुख तीनों लोकों का राज्य और चौदह भुवन की सम्पदा भी तुच्छ है। आज यह महा पतिव्रता राक्षसराज रावण के पंजों में फँस कर असह्य कष्ट भोग रही है। मुझे अब इस बात में तनिक भी सन्देह नहीं है कि यह वही सीता है जो अपने देवता तुल्य पति के प्रेम के कारण अयोध्या के सुख–वैभव का परित्याग कर के रामचन्द्र के साथ वन के कष्टों को हँस–हँस कर झेलने के लिये चली आई थीं और जिसे नाना प्रकार के दुःखों को उठा कर भी कभी वन में आने का पश्चाताप नहीं हुआ। वही सीता आज इस राक्षसी घेरे में फँसकर अपने प्राणनाथ के वियोग में सूख–सूख कर काँटा हो गई हैं, किन्तु उन्होंने अपने सतीत्व पर किसी प्रकार की आँच नहीं आने दी। इसमें सन्देह नहीं, यदि इन्होंने रावण के कुत्सित प्रस्ताव को स्वीकार कर लिया होता तो आज इनकी यह दशा नहीं होती। राम के प्रति इनके मन में कितना अटल स्नेह है, यह इसी बात से सिद्ध होता है कि ये न तो अशोक वाटिका की सुरम्य शोभा को निहार रही हैं और न इन्हें घेर कर बैठी हुई निशाचरियों को। उनकी एकटक दृष्टि पृथ्वी में राम की छवि को निहार रही हों।

सीता की यह दीन दशा देख कर भावुक पवनसुत के नेत्रों से अश्रुधारा प्रवाहित हो चली। वे सुध–बुध भूल कर निरन्तर आँसू बहाने लगे। कभी वे सीता जी की दीन दशा को देखते थे और कभी रामचन्द्र जी के उदास दुःखी मुखण्डल का स्मरण करते थे। इसी विचारधारा में डूबते–उतराते रात्रि का अवसान होने और प्राची का मुखमण्डल उषा की लालिमा से सुशोभित होने लगी। तभी हनुमान को ध्यान आया कि रात्रि समाप्तप्राय हो रही है। वे चौतन्य हो कर ऐसी युक्ति पर विचार करने लगे जिससे वे सीता से मिल कर उनसे वार्तालाप करके उन तक श्री रामचन्द्र जी का सन्देश पहुँचा सकें।

रावण–सीता संवाद

इस प्रकार फूले हुए वृक्षों से सुशोभित उस वन की शोभा देखते औरविदेहनन्दिनी का अनुसंधान करतेहुए हनुमान जी की वह सारी रात प्रायः व्यतीत हो चली। रात्रि जब मात्र एक प्रहर बाकी रही तो रात के उस पिछले प्रहर में छहों अंगों सहित सम्पूर्ण वेदों के विद्वान तथा श्रेष्ठ यज्ञों द्वारा यजन करने वाले ब्रह्म–राक्षसों के घर में वेदपाठ की ध्वनि होने लगी जिसे हनुमान जी ने सुना।

तदनन्तर मंगल वाद्यों तथा श्रवण–सुखद शब्दों द्वारा महाबाहु दशमुख रावण को जगाया गया। जागने पर महाभागी एवं प्रतापी राक्षसराज रावण ने सबसे पहले विदेहनन्दिनी सीता का चिन्तन किया। सीता के प्रति आसक्त एवं काम से प्रेरित रावण ने सब प्रकार के आभूषण धारण कर तथा परम उत्तम शोभा से सम्पन्न हो अशोक वाटिका में प्रवेश किया। पुलस्त्यनन्दन रावण के पीछे–पीछे लगभग एक सौ सुन्दरियाँ भी थीं। काम के अधीन एवं मन में सीता की आस लगाये मन्दगति से आगे बढ़ता रावण अद्भुत शोभा पा रहा था। काम, दर्प और मद से युक्त अचिन्त्य बल–पौरुष से सम्पन्न रावण के अशोकवाटिका के द्वार तक पहुँचने पर कपिवर हुनमान जी ने उसे देखा। यद्यपि मतिमान् हनुमान जी अत्यन्त उग्र तेजस्वी थे, तथापि रावण के तेज से तिरस्कृत–से होकर सघन पत्तो में घुसकर छिप गये।

अनिंद्य सुन्दरी राजकुमारी सीता ने जब उत्तमोत्तम आभूषणों से विभूषित तथा रूप–यौवन से सम्पन्न राक्षसराज रावण को आते देखा तो वे प्रचण्ड हवा में हिलने वाली कदली के समान भय के मारे थर–थर काँपने लगीं। सुन्दर कान्ति वाली विशाललोचना जानकी ने अपने जंघाओं से पेट और दोनों भुजाओं से स्तन छिपा लिये और रुदन करने लगीं। निशाचरियों से घिरी आसन रहित भूमि पर शोक–विह्वल दीन सीता को रावण ने ध्यानपूर्वक देखा जो दृष्टि नीची किये एकटक पृथ्वी की ओर देख रही थी।

ऐसी दुःखी जानकी के पास आकर लंकापति रावण हँसता हुआ

बोले, "हे मृगनयनी! मुझे देख कर तू अपने शरीर को छिपाने का प्रयत्न क्यों कर रही है। स्मरण रख, तेरी इच्छा के बिना मैं कदापि तेरा स्पर्श नहीं करूँगा। तू मुझ पर और मेरे कथन पर विश्वास रख और इस प्रकार दुःखी हो कर अश्रु मत बहा। तेरी यह मलिन, आभूषणरहित वेश–भूषा देख कर मुझे अत्यधिक पीड़ा होती है। तू संसार की सुन्दरियों में शिरोमणि है। अपने इस सौन्दर्य तथा यौवन को व्यर्थ नष्ट मत होने दे।

यदि एक बार यह यौवन नष्ट हो गया तो फिर लौट कर नहीं आयेगा। मैं फिर कहता हूँ, तू विश्व की अनुपम सुन्दरी है, विधाता की अद्वितीय सृष्टि है। तेरे निर्माण में ब्रह्मा ने अपना सारा कौशल और चतुराई लगा दी। इसीलिये तेरी रचना में उसने किसी प्रकार की कोई कमी नहीं रखी है। तेरे किस–किस अंग की मैं सराहना करूँ। जिस अंग पर दृष्टि पड़ती है, उसी पर अटक कर रह जाती है। मैं तुझे पूरे हृदय से अपनाना चाहता हूँ। मैं तेरे प्रत्येक अंग का रसास्वादन करना चाहता हूँ। इसी लिये तुझसे कहता हूँ, तू राम का मोह छोड़ दे।

मैं तुझे अपनी पटरानी बनाउँगा। मेरी सब रानियाँ तो तेरी चरणों की दासी बनेंगी ही, मैं भी तेरा दास बन कर रहूँगा। अपने भुजबल से अर्जित सम्पूर्ण सम्पत्ति तेरे चरणों में अर्पित कर दूँगा। जीते हुये समस्त राज्य तेरे पिता जनक को दे दूँगा। तू वास्तव में इतनी सुन्दर है कि तुझे देख कर तो तुझे बनाने वाला स्वयं विधाता कामवश हो जायेगा, मेरी तो बात ही क्या है? इसलिये तू मेरी बात स्वीकार कर ले। राम से भयभीत होने की आवश्यकता कोई नहीं है। संसार में कोई भी मुझसे लोहा नहीं ले सकता। चल, उठ कर खड़ी हो जा और सुन्दर वस्त्राभूषण धारण कर के मेरे साथ रमण कर। हे कल्याणी! चल कर तू मेरे ऐश्वर्य को देख और उस कंगाल वनवासी को भूल जा। तू ही सोच, राम के पास न राज्य है, न धन है, न कोई दास है, न सेना है और न कोई साधन है। फिर यह भी क्या पता है कि वह अभी जीता है या मर गया। यदि जीवित भी हो तो भी न

तो तू उसके पास पहुँच सकती है और न वह स्वयं ही यहाँ आ सकता है। अतएव चिन्ता का परित्याग कर के निश्चिन्त हो कर मेरे साथ रमण कर।"

रावण के नीच वचनों को सुन कर मध्य में तृण रख कर जानकी बोलीं, "हे लंकेश! तुम्हारे जैसे विद्वान के लिये यह उचित होगा कि तुम अपनी मर्यादाओं का उल्लंघन न करो और मुझसे अपना मन हटा कर अपनी रानियों से प्रेम करो। स्मरण रखो, पापी और नीच भावना रखने वाले पुरुषों को अपने उद्देश्य में कभी सफलता नहीं मिलती। मैं उत्तम कुल में जन्म लेने वाली पतिपरायणा पत्नी हूँ, तुम मुझे मेरे सतीत्व से कदापि विचलित नहीं कर सकते। अपने प्राण रहते मैं तुम्हारे नीचता से परिपूर्ण प्रस्ताव को किसी भी दशा में स्वीकार नहीं कर सकती। यदि तुममें तनिक भी न्याय–बुद्धि होती तो तुम अन्य स्त्रियों के धर्म की उसी प्रकार रक्षा करते जिस प्रकार अपनी रानियों के सतीत्व की करते हो। क्या इस लंका में ऐसा कोई समझदार व्यक्ति नहीं है जो तुम्हें इस साधारण सी बात का बोध कराये? तुम तो नीतिवान बनते हो, फिर नीति का यह वाक्य कैसे भूल गये कि जिस राजा की इन्द्रियाँ उसके वश में नहीं रहतीं, वह चाहे कितना ही ऐश्वर्यवान हो, अन्त में रसातल को जाता है, उसका सर्वस्व नष्ट हो जाता है। हे दुर्बुद्धे! तूने अभी तक मुझे पहचाना नहीं है।

मैं तेरे ऐश्वर्य, राज्य, धन–सम्पत्ति के लोभ में नहीं फँस सकती। तेरा यह कहना भी एक व्यर्थ का प्रलाप है कि मैं रघुकुलमणि रामचन्द्र जी से नहीं मिल सकती। अरे मूर्ख! वे तो सदैव मेरे हृदय में निवास करते हैं। मुझे कोई उनसे अलग नहीं कर सकता। मेरा उनका ऐसा अटूट सम्बंध है जैसा कि सूर्य का उसकी प्रभा से। इसलिये मैं उनकी हूँ और सदा ही उनकी रहूँगी। यदि तू सोच–समझ कर यह मान ले कि तूने मेरा अपहरण कर के एक भयंकर अपराध किया है और इसलिये मुझे लौटाते हुये तुझे भय लगता है तो मैं तुझे अभयदान देते हुये वचन देती हूँ कि तू मुझे उनके पास पहुँचा दे, मैं तुझे उनसे क्षमा करा दूँगी। यदि तुम अब भी अपनी हठ पर अड़े रहे

तो विश्वास करो कि तुम्हारी मृत्य निश्चित है और तुम्हें उनके बाणों से कोई नहीं बचा सकता। इसलिये मैं फिर कहती हूँ कि सावधान हो जाओ। अपने साथ लंका और लंकावासियों का नाश मत करो। इसी में तुम्हारा और तुम्हारे राक्षसकुल का कल्याण है।"

सीता के ये कठोर वचन सुनकर राक्षसराज रावण ने उन प्रियदर्शना सीता को यह अप्रिय उत्तर दिया, "लोक में पुरुष जैसे–जैसे अनुनय–विनय करता है, वैसे–वैसे ही वह उनका प्रिय होता जाता है किन्तु मैं तुमसे ज्यों–ज्यों मीठे वचन बोलता हूँ त्यों–त्यों तुम मेरा तिरस्कार करती जाती हो। तुम्हारे प्रति जो मेरा प्रेम उत्पन्न हो गया है, वही मेरे क्रोध को रोक रहा है। हे सुमुखि! यही कारण है कि वध और तिरस्कार के योग्य होने पर भी मैं तुम्हारा वध नहीं कर रहा हूँ। मिथिलेशकुमारी! तुम मुझसे जैसी कठोर बातें कह रही हो, उनके प्रतिकार में तुम्हें कठोर प्राणदण्ड देना ही उचित है। हे सुन्दरि! मैंने तुम्हारे लिये जो अवधि नियुक्त की है उसके अनुसार मुझे दो महीने और प्रतीक्षा करनी है। तत्पश्चात् तुम्हें मेरी शैय्या पर आना ही होगा। स्मरण रखो यदि दो महीने बाद तुमने अपना पति स्वीकार नहीं करोगी तो मेरे रसोइये मेरे कलेवे के लिये तुम्हारे टुकड़े–टुकड़े कर डालेंगे।"

राक्षसराज रावण के इन वचनों को सुनकर पातिव्रत्य और पति के शौर्य के अभिमान से परिपूर्ण सीता ने कहा, "निश्चय ही इस नगर में तेरा भला चाहने वाला कोई भी ऐसा पुरुष नहीं है जो तुझे इस निन्दित कर्म से रोके। नीच राक्षस! तूने अमित तेजस्वी श्री राम की भार्या से जो पाप की बात कही है, उसके परिणामस्वरूप दण्ड से तू कहाँ जाकर छुटकारा पायेगा? मैं धर्मात्मा श्री राम की धर्मपत्नी और महाराज दशरथ की पुत्रवधू हूँ। दशमुख रावण! मेरा तेज ही तुझे भस्म कर डालने के लिये पर्याप्त है। केवल श्रीराम की आज्ञा न होने से और अपनी तपस्या को सुरक्षित रखने के विचार से मैं तुझे भस्म नहीं कर रही हूँ। निः सन्देह तेरे वध के लिये ही विधाता ने यह विधा रच दिया है। तू कितना वीर और पराक्रमी है इसका पता तो मुझे

उसी दिन चल गया था, जब तेरे पास इतनी विशाल सेना, बल और तेज होते हुये भी तू मुझे चोरों की भाँति मेरे पति की अनुपस्थिति में चुरा लाया था। क्या इससे तेरी कायरता का पता नहीं चलता।"

सीता के मुख से ऐसे अप्रत्याशित एवं अपमानजनक वचन सुनकर रावण का सम्पूर्ण शरीर क्रोध से थर–थर काँपने लगा। उसके नेत्रों से अंगारे बरसने लगे। वह दहाड़ता हुआ बोला, "अन्यायी और निर्धन मनुष्य का अनुसरण करने वाली नारी! जैसे सूर्यदेव अपने तेज से प्रातःकालिक संध्या के अन्धकार को नष्ट कर देते हैं उसी प्रकार मैं तेरा तत्काल विनाश किये देता हूँ।"

तत्पश्चात् रावण ने एकाक्षी (एक आँख वाली), एककर्णा (एक कान वाली), अश्वपदी (घोड़े के समान पैर वाली), सिंहमुखी (सिंह के समान मुख वाली) आदि विकराल दिखायी देने वाली राक्षसियों को सम्बोधित करते हुए कहा, "जिस प्रकार भी हो, सीता को मेरे वश में होने के लिये विवश करो। यदि वह प्रेम से न माने तो इसे मनचाहा दण्ड दो ताकि यह हाथ जोड़कर गिड़गिड़ाती तुई मुझसे प्रार्थाना करे और मुझे अपना पति स्वीकार करे।"

राक्षसियों को इस प्रकार आज्ञा देकर काम और क्रोध से व्याकुल हुआ राक्षसराज रावण सीता की ओर देखकर गर्जना करने लगा। रावण को अत्यन्त क्रोधित देखकर मन्दोदरी और धान्यमालिनी नाम की एक अन्य राक्षस–कन्या शीघ्र रावण के पास आयीं और उसका आलिंगन कर बोलीं, "हे प्राणनाथ! आप इस कुरूप सीता के लिये क्यों इतने व्याकुल होते हैं? भला इसके फीके पतले अधरों, अनाकर्षक कान्ति और छोटे भद्दे आकार में क्या आकर्षण है? आप चल कर मेरे साथ विहार कीजिये। इस अभागी को मरने दीजिये। इसके ऐसे भाग्य कहाँ जो आप जैसे अपूर्व बलिष्ठ, अद्‌भुत पराक्रमी, तीनों लोकों के विजेता के साथ रमण–सुख प्राप्त कर सके। नाथ! जो स्त्री आपको नहीं चाहती, उसके पीछे उन्मत्त की भाँति दौड़ने से क्या लाभ? इससे तो व्यर्थ ही मनको दुःख होता है।" जब उन राक्षसियों ने ऐसा कहा और उसे दूसरी ओर हटा ले गयीं तो मेघ के समान

काला और बलवान राक्षस रावण जोर–जोर से हँसता हुआ अपने भव्य प्रासाद की ओर चल पड़ा।

युद्धकाण्ड

समुद्र पार करने की चिन्ता

हनुमान के मुख से सीता का समाचार पाकर रामचन्द्र जी अत्यन्त प्रसन्न हुये और कहने लगे, "हनुमान ने बहुत भारी कार्य किया है भूतल पर ऐसा कार्य होना कठिन है। इस महासागर को लाँघ सकने की क्षमता गरुड़, वायु और हनुमान को छोड़कर किसी दूसरे में नहीं है। देवताओं, राक्षसों, यक्षों, गन्धर्वों तथा दैत्यों द्वारा रक्षित लंका में प्रवेश करके उसमें से सुरक्षित निकल आना केवल हनुमान के लिये ही सम्भव है। इन्होंने समुद्र–लंघन आदि कार्यों के द्वारा अपने पराक्रम के अनुरूप बल प्रकट कर के एक सच्चे सेवक के योग्य सुग्रीव का बहुत बड़ा कार्य सम्पन्न किया है। स्वामी द्वारा दिये गये कार्य को सेवक उत्साह तथा लगन से पूरा करे तो वह श्रेष्ठ होता है। जो सेवक कार्य तो पूर्ण कर दे, किन्तु बिना किसी उत्साह के पूरा करे, वह मध्यम होता है और आज्ञा पाकर भी कार्य न करने वाला सेवक अधम कहलाता है। हनुमान ने स्वामी के एक कार्य में नियुक्त होकर उसके साथ ही दूसरे महत्वपूर्ण कार्यों को भी पूरा किया है और सुग्रीव को पूर्णतः सन्तुष्ट कर दिया है। आज मेरे पास पुरस्कार देने योग्य वस्तु का अभाव है। यह बात मेरे मन मैं कसक उत्पन्न कर रही है कि यहाँ जिसने मुझे ऐसा प्रिय संवाद सुनाया, उसका मैं कोई वैसा ही प्रिय कार्य नहीं कर पा रहा हूँ। अतः इस समय मैं इन महात्मा हनुमान को केवल अपना प्रगाढ़ आलिंगन प्रदान अपना सर्वस्व इसे समर्पित करता हूँ।"

ऐसा कहते–कहते श्री रामचन्द्र जी के अंग–प्रत्यंग प्रेम से पुलकित हो गये और उन्होंने अपनी आज्ञा के पालन में सफलता

पाकर लौटे हुए पवित्रात्मा हनुमान जी को हृदय से लगा लिया। फिर थोड़ी देर तक विचार करके रामचन्द्र जी ने सुग्रीव से कहा, "हे वानरराज! जानकी की खोज का कार्य तो सुचारु रूप से सम्पन्न हो गया किन्तु समुद्र की दुस्तरता का विचार करके मेरे मन का उत्साह पुनः नष्ट हो रहा है। महान जलराधि से परिपूर्ण समुद्र को पार करना अत्यन्त कठिन है। यह कार्य कैसे हो पायेगा?"

राम को इस प्रकार चिन्तित देख सुग्रीव ने कहा, "वीरवर! आप दूसरे साधारण मनुष्यों की भाँति क्यों सन्ताप कर रहे हैं? जैसे कृतन पुरुष सौहार्द्र को त्याग देता है उसी प्रकार से आप भी इस सन्ताप को त्याग दें। जब सीता जी का पता लग गया है तो मुझे आपके इस दुःख और चिन्ता का कोई कारण नहीं दिखाई देता। मेरी वानर सेना की वीरता और पराक्रम के सामने यह समुद्र बाधा बन कर खड़ा नहीं हो सकता। हम समुद्र पर पुल बना कर उसे पार करेंगे। परिश्रम और उद्योग से कौन सा कार्य सिद्ध नहीं हो सकता? हमें कायरों की भाँति समुद्र को बाधा मान निराश होकर नहीं बैठना चाहिये।"

सुग्रीव के उत्साहपूर्ण शब्दों से सन्तुष्ट होकर राघव हनुमान से बोले, "हे वीर हनुमान! कपिराज सुग्रीव की पुल बनाने की योजना से मैं सहमत हूँ। यह कार्य शीघ्र आरम्भ हो जाये, ऐसी व्यवस्था तो सुग्रीव कर ही देंगे। इस बीच तुम मुझे रावण की सेना, उसकी शक्ति, युद्ध कौशल, दुर्गों आदि के विषय में विस्तृत जानकारी दो। मुझे विश्वास है कि तुमने इन सारी बातों का अवश्य ही विस्तारपूर्वक अध्ययन किया होगा। तुम्हारी विश्लेषण क्षमता पर मुझे पूर्ण विश्वास है।"

रघुनाथ जी का आदेश पाकर पवनपुत्र हनुमान ने कहा, "हे सीतापते! लंका जितनी ऐश्वर्य तथा समृद्धि से युक्त है, उतनी ही वह विलासिता में डूबी हुई भी है। सैनिक शक्ति उसकी महत्वपूर्ण है। उसमें असंख्य उन्मत्त हाथी, रथ और घोड़े हैं। बड़े–बड़े पराक्रमी योद्धा सावधानी से लंकापुरी की रक्षा करते हैं। उस विशाल नगरी के चार बड़े–बड़े द्वार हैं। प्रत्येक द्वार पर ऐसे शक्तिशाली यन्त्र लगे

हुये हैं जो लाखों की संख्या में आक्रमण करने वाले शत्रु सैनिकों को भी द्वार से दूर रखने की क्षमता रखते हैं। इसके अतिरिक्त प्रत्येक द्वार पर अनेक बड़ी–बड़ी शतघनी (तोप) रखी हुई हैं जो विशाल गोले छोड़ कर अपनी अग्नि से समुद्र जैसी विशाल सेना को नष्ट करने की सामर्थ्य रखती है। लंका को और भी अधिक सुरक्षित रखने के लिये उसके चारों ओर अभेद्य स्वर्ण का परकोटा खींचा गया है। परकोटे के साथ–साथ गहरी खाइयाँ खुदी हुई हैं जो अगाध जल से भरी हुई हैं। उस जल में नक्र, मकर जैसे भयानक हिंसक जल–जीव निवास करते हैं। परकोटे पर थोड़े–थोड़े अन्तर से बुर्ज बने हुये हैं। उन पर विभिन्न प्रकार के विचित्र किन्तु शक्तिशाली यन्त्र रखे हुये हैं। यदि किसी प्रकार से शत्रु के सैनिक परकोटे पर चढ़ने में सफल हो भी जायें तो ये यन्त्र अपनी चमत्कारिक शक्ति से उन्हें खाई में धकेल देते हैं। लंका के पूर्वी द्वार पर दस सहस्त्र पराक्रमी योद्धा शूल तथा खड्ग लिये सतर्कतापूर्वक पहरा देते हैं। दक्षिण द्वार पर एक लाख योद्धा अस्त्र–शस्त्रों से सुसज्जित होकर सदैव सावधानी की मुद्रा में खड़े रहते हैं। उत्तर और पश्चिम के द्वारों पर भी सुरक्षा की ऐसी ही व्यवस्था है। इतना सब कुछ होते हुये भी आपकी कृपा से मैंने उनकी शक्ति काफी क्षीण कर दी है क्योंकि जब रावण ने मेरी पूँछ में कपड़ा लपेट कर आग लगवा दी थी तो मैंने उसी जलती हुई पूँछ से लंका के दुर्गों को या तो समूल नष्ट कर दिया या उन्हें अपार क्षति पहुँचाई है। अनेक यन्त्रों की दुर्दशा कर दी है और कई बड़े–बड़े सेनापतियों को यमलोक भेज दिया है। अब तो केवल सागर पर सेतु बाँधने की देर है, फिर तो राक्षसों का विनाश होते अधिक देर नहीं लगेगी।"

वानर सेना का प्रस्थान

हनुमान के मुख से लंका का यह विशद वर्णन सुन कर रामचन्द्र बोले, "हनुमान! तुमने भयानक राक्षस रावण की जिस लंकापुरी का वर्णन किया है, उसे मैं शीघ्र ही नष्ट कर डालूँगा। सुग्रीव! अभी विजय नामक मुहूर्त है और इस मुहूर्त में प्रस्थान करना अत्यन्त

उपयुक्तहै। अतः तुम तत्काल प्रस्थान की तैयारी करो। आज उत्तराफाल्गुनी नामक नक्षत्र है। कल चन्द्रमा का हस्त नक्षत्र से योग होगा। इसलिये हे सुग्रीव! हम लोगों का आज ही सारी सेनाओं के साथ यात्रा आरम्भ कर देना ही उचित है। इस समय जो शकुन प्रकट हो रहे हैं उन्हें देखकर यह विश्वास होता है कि मैं अवश्य ही रावण का वध कर के जनकनन्दिनी सीता को ले आऊँगा।"

रघुनाथ जी के वचन सुनकर महापराक्रमी वानरशिरोमणि सुग्रीव ने वानर सेनापतियों को यथोचित आज्ञा दी और समस्त महाबली वानरगण अपनी गुफाओं और शिखरों से शीघ्र ही निकल कर उछलते–कूदते हुए चलने लगे। उनमें से कुछ वानर उस सेना की रक्षा के लिये उछलते–कूदते चारों ओर चक्कर लगाते थे, कुछ मार्गशोधन के लिये कूदते–फाँदते आगे बढ़ते जाते थे, कुछ वानर मेघों के समान गर्जते, कुछ सिंहों के समान दहाड़ते और कुछ किलकारियाँ भरते हुए दक्षिण दिशा की ओर अग्रसर हो रहे थे। इस प्रकार से लाखों और करोड़ों वानर आगे–आगे श्री रामचन्द्र, लक्ष्मण और सुग्रीव को ले कर जय जयकार करते हुये सागर तट की ओर चल पड़े। 'श्री रामचन्द्र की जय' और 'रावण की क्षय' की घोषणाओं से दसों दिशाएँ गूँजने लगीं।

कुछ वानर बारी–बारी से दोनों भाइयों को अपनी पीठ पर चढ़ाये लिये जा रहे थे। उनको अपनी–अपनी पीठ पर चढ़ाने के लिये वे एक दूसरे से प्रतिस्पर्धा करने लगे। उनकी तीव्र गति के कारण समस्त वातावरण धूलि–धूसरित हो रहा था। अम्बर धूमिल हो गया था और आकाश में चमकता हुआ सूर्य भी फीका पड़ गया था। जब वह सेना नदी नालों को पार करती तो उनके प्रवाह भी उसके कारण परिवर्तित हो जाते थे। चारों ओर वानर ही वानर दिखाई देते थे। वे मार्ग में कहीं विश्राम लेने के लिये भी एक क्षण को नहीं ठहरते थे। उनके मन मस्तिष्क पर केवल रावण छाया हुआ था। वे सोचते थे कि कब लंका पहुँचें और कब राक्षसों का संहार करें। इस प्रकार राक्षसों के संहार की कल्पना में लीन यह विशाल वानर सेना समुद्र

तट पर जा पहुँची। अब वे उस क्षण की कल्पना करने लगे जब वे समुद्र पार करके दुष्ट रावण की लंका में प्रवेश करके अपने अद्‌भुत पराक्रम का प्रदर्शन करेंगे।

सागर के तट पर एक स्वच्छ शिला पर बैठ राम सुग्रीव से बोले, "हे सुग्रीव! हम सागर के तट तक तो पहुँच गये। अब यहाँ मन में फिर वही चिन्ता उत्पन्न हो गई कि इस विशाल सागर को कैसे पार किया जाय। अपनी सेना की छावनी यहीं डाल कर हमें इस समुद्र को पार करने का उपाय सोचना चाहिये। इधर जब तक हम इसका उपाय ढूँढें, तुम अपने गुप्तचरों को सावधान कर दो कि वे शत्रु की गतिविधियों के प्रति सचेष्ट रहें। कोई वानर अपने छावनी से अकारण बाहर भी न जाये क्योंकि इस क्षेत्रमें लंकेश के गुप्तचर अवश्य सक्रिय होंगे।

रामचन्द्र जी के निर्देशानुसार समुद्र तट पर छावनी डाल दी गई। समुद्र की उत्तुंग तरंगें आकाश का चुम्बन कर अपने विराट रूप का प्रदर्शन कर रहा था। सम्पूर्ण वातावरण जलमय प्रतीत होता था। आकाश में चमकने वाला नक्षत्र समुदाय सागर में प्रतिबिंबित होकर समुद्र को ही आकाश का प्रतिरूप बना रहा था। वानर समुदाय समुद्र की छवि को आश्चर्य, कौतुक और आशंका से देख रहा था।

लंका में राक्षसी मन्त्रणा

इन्द्रतुल्य पराक्रमी हनुमान जी ने लंका में जो अत्यन्त भयावह घोर कर्म किया था, उसे देखकर राक्षसराज रावण को बड़ी लज्जा और ग्लानि हुई। उसने समस्त प्रमुख राक्षसों को बुलाकर कहा, "निशाचरों! एकमात्र वानर हनुमान अकेला इस दुधुर्ष पुरी में घुस आया। उसने इसे तहस–नहस कर डाला और जनककुमारी सीता से भेंट भी कर ली। सूचना मिली है कि राम सहस्त्रों धीरवीर वानरों के साथ हमारी लंकापुरी पर आक्रमण करने के लिये आ रहे हैं। यह बात भी भलीभाँति स्पष्ट हो चुकी है कि वे रघुवंशी राम अपने समुचित बल के द्वारा भाई, सेना और सेवकों सहित सुखपूर्वक समुद्र को पार

कर लेंगे। ऐसी स्थिति में वानरों से विरोध आ पड़ने पर नगर और सेना के लिये जो भी हितकर हो, वैसे सलाह आप लोग दीजिये।"

राक्षस बलवान तो बहुत थे किन्तु न तो उन्हें नीति का ज्ञान था और न ही वे शत्रुपक्ष के बलाबल को समझते थे। इसलिये वे कहने लगे, "राजन् आप व्यर्थ ही भयभीत हो रहे हैं। आपने नागों और गन्धर्वों को भी युद्ध में परास्त कर दिया है, दानवराज मय ने आपसे भयभीत होकर अपनी कन्या आपको समर्पित कर दी थी, मधु नामक दैत्य को आपने जीता है। आपके पुत्र मेघनाद ने देवताओं के अधिपति इन्द्र पर विजय प्राप्त करके इन्द्रजित की उपाधि प्राप्त की है। साधारण नर और वानरों से प्राप्त हुई इस आपत्ति के विषय में चिन्ता करना आपके लिये उचित नहीं है। आप सहज ही राम का वध कर डालेंगे।"

रावण के समक्ष प्रहस्त, दुर्मुख, वज्रदंष्ट्र, निकुम्भ, वज्रहनु आदि प्रमुख राक्षसों शत्रुसेना को मार गिराने के लिये अत्यन्त उत्साह दिखाया। उनके उत्साहवर्धक वचन सुनकर रावण अत्यन्त प्रसन्न हुआ और उनकी हाँ में हाँ मिलाने लगा।

मन्त्रियों को रावण की हाँ में हाँ मिलाते देख विभीषण ने हाथ जोड़कर कहा, "हे तात! जो मनोरथ साम (मेल मिलाप), दान (प्रलोभन) और भेद (शत्रु पक्ष में फूट डालना) से सिद्ध न हो सके, उसकी प्राप्ति के लिये नीतिशास्त्र का आश्रय लेना चाहिये। हे रावण! अस्थिर बुद्धि, व्याधिग्रस्त आदि लोगों पर बल का प्रयोग करके कार्य सिद्ध करना चाहिये, परन्तु राम न तो अस्थिर बुद्धि है और न व्याधिग्रस्त। वह तो दृढ़ निश्चय के साथ आपसे युद्ध करने के लिये आया है, इसलिये उस पर विजय प्राप्त करना सरल नहीं है। क्या हम जानते थे कि एक छोटा सा वानर हनुमान इतना विशाल सागर पार करके लंका में घुस आयेगा? परन्तु वह केवल आया ही नहीं, लंका को भी विध्वंस कर गया। इस एक घटना से हमें राम की शक्ति का अनुमान लगा लेना चाहिये। उस सेना में हनुमान जैसे लाखों वानर हैं जो राम के लिये अपने प्राणों की भी बलि चढ़ा सकते हैं।

इसलिये मेरी सम्मति है कि आप राम को सीता लौटा दें और लंका को भारी संकट से बचा लें। यदि ऐसा न किया गया तो मुझे भय है कि लंका का सर्वनाश हो जायेगा। राम–लक्ष्मण के तीक्ष्ण बाणों से लंका का एक भी नागरिक जीवित नहीं बचेगा। आप मेरे प्रस्ताव पर गम्भीरता से विचार करें। यह मेरा निवेदन है।"

विभीषण की बात सुनकर राक्षसराज रावण उन सभी सभासदों को विदा करके अपने महल में चला गया।

विभीषण का निष्कासन

दूसरे दिन महान मेघों की गर्जना के समान घर्घराहट पैदा करने वाले मणियों से अलंकृत चार घोड़ों से युक्त स्वर्ण–रथ पर आरूढ़ हो अपने सभाभवन की ओर चला। भाँति–भाँति के अस्त्र–शस्त्रों से सुसज्जित राक्षस सैनिक उसके आगे–पीछे उसकी जय जयकार करते हुये चले। मार्ग में लोग शंखों और नगाड़ों के तुमुलनाद से सम्पूर्ण वातावरण को गुँजायमान कर रहे थे। सड़कों पर सहस्त्रों नागरिक खड़े होकर उसका अभिवादन कर रहे थे जिससे उसका मस्तक गर्व से उन्नत हो रहा था। इस समय वह अपनी वैभव की तुलना देवराज इन्द्र से कर रहा था। सभाभवन में पहुँच कर वह अपने मणिमय स्वर्ण–सिंहासन पर जाकर बैठ गया। उसके सिंहासनासीन होने पर अन्य दरबारियों अवं मन्त्रियों ने भी अपने–अपने आसन ग्रहण किये।

शत्रुविजयी रावण ने उस सम्पूर्ण सभा की ओर दृष्टिपात करके कहा, "सभासदों! मैं दण्डकारण्य से राम की प्रिय रानी जनकदुलारी सीता को हर लाया हूँ। किन्तु वह मेरी शय्या पर आरूढ़ होना नहीं चाहती है। मेरी दृष्टि में तीनों लोकों के भीतर सीता के समान सुन्दरी अन्य कोई स्त्री नहीं है। उसे देखने के बाद मेरा मन मेरे वश में नहीं रह गया है। काम ने मुझे अधीन कर लिया है।"

कामातुर रावण का यह प्रलाप सुनकर कुम्भकर्ण ने क्रोधित होकर कहा, "महाराज! तुमने जो यह छलपूर्वक छिपकर परस्त्री–हरण

का कार्य किया है, यह तुम्हारे लिये बहुत अनुचित है। इस पापकर्म को करने से पहले आपको हमसे परामर्श कर लेना चाहिये था। यद्यपि तुमने अनुचित कर्म किया है तथापि तुम्हारे शत्रुओं का संहार करूँगा।"

कुम्भकर्ण के वचन सुनकर रावण को क्रोधित होते देख महापार्श्व ने हाथ जोड़कर कहा, "शत्रुसूदन महाराज! आप तो स्वयं ही ईश्वर हैं! आप विदेहकुमारी सीता के साथ उसकी इच्छा की परवाह न कर रमण कीजिये। आपके जो भी शत्रु आयेंगे, उन्हें हम लोग अपने शस्त्रों के प्रताप से जीत लेंगे।"

महापार्श्व के ऐसा कहने पर लंकाधिपति रावण ने उसकी प्रशंसा करते हुए कहा, "महापार्श्व! पूर्वकाल में मैंने एक बार आकाश में अग्नि–पुञ्ज के समान प्रकाशित होती हुई पुञ्जिकस्थला नाम की अप्सरा से बलात् सम्भोग किया था। मेरे इस कृत्य से अप्रसन्न होकर मुझे शाप दे दिया था कि आज के बाद यदि किसी दूसरी नारी के साथ बलपूर्वक समागम करेगा तो तेरे मस्तक के सौ टुकड़े हो जायेंगे। उस शाप से भयभीत होने के कारण मैं विदेहकुमारी से बलात् रागागग नहीं कर सकता।" फिर अपने शूरवीर सेनानायकों एवं मन्त्रियों को सम्बोधित करते हुये वह बोला, "हे बुद्धमान और वीर सभासदों! आज हम लोगों को अपने भावी कार्यक्रम पर विचार करना है। राम सुग्रीव की वानर सेना लेकर समुद्र के उस पार आ पहुँचा है। हमें उसके साथ किस नीति का अनुसरण करना है, इसके विषय में तुम लोग सोच–विचार कर अपनी सम्मति दो क्योंकि तुम सभी बुद्धिमान, नीतिनिपुण और अनुभवी हो।"

रावण की बात सुन कर लगभग सभी राक्षसों ने उत्साहित होकर उसे वानर सेना से युद्ध करने का परामर्श दिया। उनका मत था कि हमारे अपार बल के आगे ये छोटे–छोटे वानर ठहर नहीं सकेंगे। प्रत्येक दशा में विजय हमारी होगी। अन्य सभी राक्षसों के सम्मति दे चुकने पर विभीषण ने खड़े होकर कहा, "हे तात! सीता का जो अपहरण आपने किया है, वह अत्यन्त अनुचित है। सीता वास्तव

में एक विषैली नागिन है जो आपके गले में आकर लिपट गई है। उसके उन्नत उरोज भयंकर फन हैं, उसका चिन्तन मारक विष है और उसकी मुस्कान तीक्ष्ण दाढ़ें हैं। उसकी पाँचों अँगुलियाँ उसके पाँच सिर हैं। यह आपके प्राणों को अपना निशाना बना कर बैठी है। इसलिये मैं आपसे कहता हूँ कि यदि आपने इस नागिन से छुटकारा नहीं पाया तो राम के बाण राक्षसों के सिर काटने में तनिक भी संकोच न करेंगे। इसलिये सबका कल्याण इसी में है कि सीता को तत्काल लौटा कर राम से संधि कर ली जाय।"

विभीषण के वचन सुन कर प्रहस्त ने कहा, "विभीषण! हमने युद्ध में देवताओं, राक्षसों तथा दानवों को पराजित किया है, फिर एक साधारण मानव से भयभीत होने की क्या आवश्यकता है?"

प्रहस्त का प्रश्न सुनकर विभीषण ने उत्तर दिया, "हे मन्त्रिवर! राम कोई साधारण मानव नहीं हैं। उनका वध करना वैसा ही असम्भव है जैसा बिना नौका के सागर को पार करना। मैं उनकी शक्ति को जानता हूँ, हमारी सम्पूर्ण दानवीय शक्ति भी उनके सम्मुख नहीं ठहर सकतीं। राक्षस ही क्या देव, गन्धर्व और किन्नर भी उनसे जीत नहीं सकते।"

फिर विभीषण ने रावण को सम्बोधित करते हुए कहा, "हे राक्षसराज! आप काम के वशीभूत होकर अनुचित कार्य करने जा रहे हैं और ये मन्त्रिगण केवल चाटुकारिता में आपकी हाँ में हाँ मिला रहे हैं। ये आपके हित की सच्ची बात नहीं कह रहे हैं। मैं फिर आपसे कहता हूँ कि सीता को लौटाकर राम से संधि कर लेने में ही आपका, लंका का और सम्पूर्ण राक्षस समुदाय का कल्याण है।"

विभीषण की बातों से चिढ़ कर मेघनाद बोला, "चाचा जी! आप सदा कायरों की भाँति निरुत्साहित करने वाली बातें किया करते हैं। आपने अपनी कायरता से पुलस्त्य वंश को कलंकित किया है। क्षमा करें, इस कुल में आज तक कोई ऐसा भीरु और निर्वीर्य व्यक्ति ने जन्म नहीं लिया।"

मेघनाद के मुख से ये अपमानजनक शब्द सुनकर भी विभीषण ने अपने ऊपर संयम रखते हुये कहा, "मेघनाद! तुम अभी बालक हो। तुम में दूरदर्शिता का अभाव है। इसीलिये तुम ऐसी बात कर रहे हो। मैं फिर कहता हूँ कि राघव से क्षमा माँग कर सीता को लौटाने में ही हमारा कल्याण है।"

विभीषण को बार–बार सीता को लौटाने की बात करते देख रावण ने क्रुद्ध होकर कहा, "बुद्धिमान लोगों ने ठीक ही कहा है कि चाहे शत्रु के साथ निवास करें, सर्प के साथ रहें, परन्तु शत्रु का हित चाहने वाले मित्र के साथ कदापि न रहें। ऐसे लोग मित्र के वेश में घोर शत्रु होते हैं। विभीषण! तुम हमारे सबसे बड़े शत्रु हो जो राम की सराहना करके हमारा मनोबल गिराने का प्रयत्न करते हो। मैं जानता हूँ कि तुम मुख से मेरे हित की बात करते हो परन्तु हृदय से मेरे ऐश्वर्य, वैभव तथा लोकप्रियता से ईर्ष्या करते हो। यदि तुम मेरे भाई न होते तो सबसे पहले मैं तुम्हारा वध करता। यदि वध न करता तो भी कम से कम तुम्हारी जीभ अवश्य खिंचवा लेता। मेरे सामने से दूर हो जा देशद्रोही! और फिर अपना मुख मुझे कभी मत दिखाना।"

रावण से अपमानित होकर विभीषण उठ खड़ा हुआ और बोला, "मैं समझ गया हूँ, तुम्हारे सिर पर काल मँडरा रहा है। इसलिये तुम मित्र और शत्रु में भेद नहीं करसकते। मैं जाता हूँ। फिर तुम्हें मुख नहीं दिखाऊँगा।" इतना कह कर विभीषण वहाँ से चल दिया।

विभीषण का श्री राम की शरण में आना

रावण से अपमानित होकर विभीषण अपने चार भयंकर तथा पराक्रमी अनुचरों के साथ आकाशमार्ग से दो ही घड़ी में उस स्थान पर आ गये जहाँ लक्ष्मण सहित श्री राम विराजमान थे। बुद्धिमान महापुरुष विभीषण ने आकाश में ही स्थित रहकर सुग्रीव तथा अन्य वानरों की ओर देखते हुए उच्च स्वर से कहा, "हे वानरराज! मैं लंका के राजा रावण का छोटा भाई विभीषण हूँ। मैं रावण के उस कुकृत्य

से सहमत नहीं हूँ जो उसने सीता जी का हरण करके किया है। मैंने उसे सीता जी को लौटाने के लिये अनेक प्रकार से समझाया परन्तु उसने मेरी बात न मान कर मेरा अपमान किया और मुझे लंका से निष्कासित कर दिया। इसलिये अब मैं यहाँ श्री रामचन्द्र जी की शरण में आया हूँ। आप उन्हें मेरे आगमन की सूचना भिजवा दें।"

विभीषण की बात सुनकर सुग्रीव ने रामचन्द्र के पास जाकर कहा, "हे राघव! रावण का छोटा भाई विभीषण अपने चार मन्त्रियों सहित आपके दर्शन करना चाहता है। यदि आपकी अनुमति हो तो उसे यहाँ उपस्थित करूँ। किन्तु मेरा विचार है कि हमें शत्रु पर सोच–समझ कर ही विश्वास करना चाहिये। एक तो राक्षस वैसे ही क्रूर, कपटी और मायावी होते हैंफिर यह तो रावण का सहोदर भाई ही है। ऐसी दशा में तो वह बिल्कुल भी विश्वसनीय नहीं है। किन्तु आप हमसे अधिक बुद्धिमान हैं। जैसी आपकी आज्ञा हो, वैसा करूँ।"

सुग्रीव के तर्क सुनकर रामचन्द्र जी बोले, "हे वानरराज! आपकी बात सर्वथा युक्तिसंगत और हमारे हित में है, परन्तु नीतिज्ञ लोगों ने राजाओं के दो शत्रु बताये हैं। एक तो उनके कुल के मनुष्य और दूसरे उनके राज्य के सीमावर्ती क्षेत्रों पर शासन करने वाले अर्थात् पड़ोसी शासक। ये दोनों उस समय किसी राज्य पर आक्रमण करते हैं, जब राजा किसी व्यसन अथवा विपत्ति में फँसा हुआ होता है। विभीषण अपने भाई को विपत्ति में पड़ा देखकर हमारे पास आया है। वह हमारे कुल का नहीं है। हमारे विनाश से उसे कोई लाभ नहीं होगा। इसके विपरीत यदि हमारे हाथों से रावण मारा जायेगा तो वह लंका का राजा बन सकता है। इसलिये यदि वह हमारी शरण में आता है तो हमें उसे स्वीकार कर लेना चाहिये। कण्व ऋषि के पुत्र परम ऋषि कण्डु ने कहा है कि यदि दीन होकर शत्रु भी शरण में आये तो उसे शरण देनी चाहिये। ऐसे शरणागत की रक्षा न करने से महान पाप लगता है। इसलिये शरण आये विभीषण को अभय प्रदान करना ही उचित है। अतः तुम उसे मेरे पास ले आओ।"

जब सुग्रीव विभीषण को लेकर राम के पास आया तो उसने

दोनों हाथ जोड़कर कहा, "हे धर्मात्मन्! मैं लंकापति रावण का छोटा भाई विभीषण हूँ। यह जानकर मैं आपकी शरण में आया हुँ कि आप शरणागत वत्सल हैं। इसलिये आप मुझ शरणागत का उद्धार कीजिये।"

विभीषण के दीन वचन सुनकर श्री रामचन्द्र जी ने उसे गले से लगाते हुये कहा, "हे विभीषण! मैंने तुम्हें स्वीकार किया। अब तुम मुझे राक्षसों का बलाबल बताओ।"

श्री राम का प्रश्न सुनकर विभीषण बोला, "हे दशरथनन्दन! ब्रह्मा से वर पाकर दशमुख रावण देव, दानव, नाग, किन्नर आदि सभी से अवध्य हो गया है। उसका छोटा भाई कुम्भकर्ण, जो मुझसे बड़ा है, भी अद्‌भुत पराक्रमी, शूरवीर तथा तेजस्वी है। उसके सेनापति का नाम प्रहस्त है जिसने अपने शौर्य का प्रदर्शन करते हुये कैलाश पर्वत पर दुर्दमनीय मणिभद्र को पराजित किया था। रावण के पुत्र मेघनाद ने तो इन्द्र को परास्त करके इन्द्रजित की उपाधि अर्जित की है। मेघनाद का भाई महापार्श्व भी अकम्पन नामक पराक्रमी राक्षस को मारकर संसार भर में विख्यात हो चुका है। रावण के सेनापति तथा सेनानायक युद्ध कौशल में एक दूसरे से बढ़ कर हैं।"

विभीषण के मुख से लंका के वीरों की शौर्यगाथा सुनकर श्री रामचन्द्र बोले, "हे विभीषण! इन समस्त बातों को मैं जानता हूँ। इतना सब होते हुये भी मैं आज तुम्हारे सम्मुख प्रतिज्ञा करता हुँ कि मैं रावण का उसके पुत्रों, मन्त्रियों एवं योद्धाओं सहित वध करके तुम्हें लंका का राजा बनाऊँगा। अब वह कहीं जाकर, किसी की भी शरण लेकर मेरे हाथों से नहीं बचेगा। यह मेरी अटल प्रतिज्ञा है।"

श्री रामचन्द्र जी की प्रतिज्ञा सुनकर विभीषण ने उनके चरण स्पर्श करके कहा, "हे राघव! मैं भी आपके चरणों की शपथ लेकर प्रतिज्ञा करता हूँ कि मैं रावण को उसके वीर योद्धाओं सहित मारने में आपकी पूरी–पूरी सहायता करूँगा।"

विभीषण की प्रतिज्ञा सुनकर रामचन्द्र जी ने लक्ष्मण से समुद्र का

जल मँगवाया और उससे विभीषण का अभिषेक करके सम्पूर्ण सेना में घोषणा करा दी कि आज से महात्मा विभीषण लंका के राजा हुये।

उत्तरकाण्ड

रावण के पूर्व के राक्षसों के विषय में

श्रीराम का राज्य अयोध्या में स्थापित हो गया तो एक दिन समस्त ऋषि–मुनि श्रीरघुनाथजी का अभिनन्दन करने के लिये अयोध्यापुरी में आये। श्रीरामचन्द्र जी ने उन सबका यथोचित सत्कार किया। वार्तालाप करते हुये अगस्त्य मुनि कहने लगे, "युद्ध में आपने जो रावण का संहार किया, वह कोई बड़ी बात नहीं है, परन्तु द्वन्द युद्ध में लक्ष्मण के द्वारा इन्द्रजित का वध सबसे अधिक आश्चर्य की बात है। यह मायावी राक्षस युद्ध में समस्त प्राणियों के लिये अवध्य था।" उनकी बात सुनकर रामचन्द्रजी को बड़ा आश्चर्य हुआ। वे बोले, "मुनिवर! रावण और कुम्भकर्ण भी तो महान पराक्रमी थे, महोदर, प्रहस्त, विरूपाक्ष भी कम वीर न थे, फिर आप केवल इन्द्रजित मेघनाद की ही इतनी प्रशंसा क्यों करते हैं?"

इस पर अगस्त्य मुनि बोले, "इस प्रश्न का उत्तर देने से पहले मैं तुम्हें रावण के जन्म, वर प्राप्ति आदि का विवरण सुनाता हूँ। ब्रह्मा जी के पुलस्त्य नामक पुत्र हुये थे जो उन्हीं के समान तेजस्वी और गुणवान थे। एक बार वे महगिरि पर तपस्या करने गये। वह स्थान अत्यन्त रमणीक था। इसलिये ऋषियों, नागों, राजर्षियों आदि की कन्याएँ वहाँ क्रीड़ा करने आ जाती थीं। उन कन्याओं की उपस्थिति के कारण उनकी तपस्या में विघ्न पड़ता था। उन्होंने उन्हें वहाँ आने से मना किया। जब वे नहीं मानीं तो उन्होंने शाप दे दिया कि कल से जो कन्या यहाँ मुझे दिखाई देगी, वह गर्भवती हो जायेगी। शेष सब कन्याओं ने तो वहाँ आना बन्द कर दिया, परन्तु राजर्षि तृणबिन्दु की कन्या शाप की बात से अनभिज्ञ होने के कारण उस आश्रम में आ

गई और महर्षि की दृष्टि पड़ते ही गर्भवती हो गई। जब तृणबिन्दु को यह बात मालूम हुई तो उन्होंने अपने कन्या को पत्नी के रूप में महर्षि को अर्पित कर दिया। इस प्रकार विश्रवा का जन्म हुआ जो अपने पिता के समान वेद् विद और धर्मात्मा हुआ। महामुनि भरद्वाज ने अपनी कन्या का विवाह विश्रवा से कर दिया। उनके वैश्रवण नामक पुत्र हुआ। वह भी धर्मात्मा और विद्वान था। उसने भारी तपस्या करके ब्रह्मा जी को प्रसन्न किया और इन्द्र तथा वरुण के सदृश लोकपाल का पद पाया। फिर उसने त्रिकूट पर्वत पर बसी लंका को अपना निवास स्थान बनाया और राक्षसों पर राज्य करने लगा।"

श्रीराम ने आश्चर्य से पूछा, "तो क्या कुबेर और रावण से भी पहले लंका में माँसभक्षी राक्षस रहते थे? फिर उनका पूर्वज कौन था? यह सुनने के लिये मुझे कौतूहल हो रहा है?"

अगस्त्य जी बोले, "पूर्वकाल में ब्रह्मा जी ने अनेक जल जन्तु बनाये और उनसे समुद्र के जल की रक्षा करने के लिये कहा। तब उन जन्तुओं में से कुछ बोले कि हम इसका रक्षण (रक्षा) करेंगे और कुछ ने कहा कि हम इसका यक्षण (पूजा) करेंगे। इस पर ब्रह्माजी ने कहा कि जो रक्षण करेगा वह राक्षस कहलायेगा और जो यक्षण करेगा वह यक्ष कहलायेगा। इस प्रकार वे दो जातियों में बँट गये। राक्षसों में हेति और प्रहेति दो भाई थे। प्रहेति तपस्या करने चला गया, परन्तु हेति ने भया से विवाह किया जिससे उसके विद्युत्केश नामक पुत्र उत्पन्न हुआ। विद्युत्केश के सुकेश नामक पराक्रमी पुत्र हुआ। सुकेश के माल्यवान, सुमाली और माली नामक तीन पुत्र हुये। तीनों ने ब्रह्मा जी की तपस्या करके यह वरदान प्राप्त कर लिये कि हम लोगों का प्रेम अटूट हो और हमें कोई पराजित न कर सके। वर पाकर वे निर्भय हो गये और सुरों, असुरों को सताने लगे। उन्होंने विश्वकर्मा से एक अत्यन्त सुन्दर नगर बनाने के लिये कहा। इस पर विश्वकर्मा ने उन्हें लंकापुरी का पता बताकर भेज दिया। वहाँ वे बड़े आनन्द के साथ रहने लगे। माल्यवान के वज्रमुष्टि, विरूपाक्ष, दुर्मुख, सुप्तन, यज्ञकोप, मत्त और उन्मत्त नामक सात पुत्र हुये। सुमाली के

प्रहस्त्र, अकम्पन, विकट, कालिकामुख, धूम्राक्ष, दण्ड, सुपार्श्व, संह्लादि, प्रधस एवं भारकर्ण नाम के दस पुत्र हुये। माली के अनल, अनिल, हर और सम्पाती नामक चार पुत्र हुये। ये सब बलवान और दुष्ट प्रकृति होने के कारण ऋषि–मुनियों को कष्ट दिया करते थे। उनके कष्टों से दुःखी होकर ऋषि–मुनिगण जब भगवान विष्णु की शरण में गये तो उन्होंने आश्ध्वासन दिया कि हे ऋषियों! मैं इन दुष्टों का अवश्य ही नाश करूँगा।

जब राक्षसों को विष्णु के इस आश्वासन की सूचना मिली तो वे सब मन्त्रणा करके संगठित हो माली के सेनापतित्व में इन्द्रलोक पर आक्रमण करने के लिये चल पड़े। समाचार पाकर भगवान विष्णु ने अपने अस्त्र–शस्त्र संभाले और राक्षसों का संहार करने लगे। सेनापति माली सहित बहुत से राक्षस मारे गये और शेष लंका की ओर भाग गये। जब भागते हुये राक्षसों का भी नारायण संहार करने लगे तो माल्यवान क्रुद्ध होकर युद्धभूमि में लौट पड़ा। भगवान विष्णु के हाथों अन्त में वह भी काल का ग्रास बना। शेष बचे हुये राक्षस सुमाली के नेतृत्व में लंका को त्यागकर पाताल में जा बसे और लंका पर कुबेर का राज्य स्थापित हुआ। राक्षसों के विनाश से दुःखी होकर सुमाली ने अपनी पुत्री कैकसी से कहा कि पुत्री! राक्षसवंश के कल्याण के लिये मैं चाहता हूँ कि तुम परम पराक्रमी महर्षि विश्रवा के पास जाकर उनसे पुत्र प्राप्त करो। वही पुत्र हम राक्षसों की देवताओं से रक्षा कर सकता है।"

रावण के जन्म की कथा

अगस्त्य मुनि ने कहना जारी रखा, "पिता की आज्ञा पाकर कैकसी विश्रवा के पास गई और उन्हें अपने अभिप्राय से अवगत कराया। उस समय भयंकर आँधी चल रही थी। आकाश में मेघ गरज रहे थे। कैकसी का अभिप्राय जानकर विश्रवा ने कहा कि भद्रे! तुम इस कुबेला में आई हो। मैं तुम्हारी इच्छा तो पूरी कर दूँगा परन्तु इससे तुम्हारी सन्तान दुष्ट स्वभाव वाली और क्रूरकर्मा होगी। मुनि

की बात सुनकर कैकसी उनके चरणों में गिर पड़ी और बोली कि भगवन्! आप ब्रह्मवादी महात्मा हैं। आपसे मैं ऐसे दुराचारी सन्तान पाने की आशा नहीं करती। अतः आप मुझ पर कृपा करें। कैकसी के वचन सुनकर मुनि विश्रवा ने कहा कि अच्छा तो तुम्हारा सबसे छोटा पुत्र सदाचारी और धर्मात्मा होगा।

"इस प्रकार कैकसी के दस मुख वाले पुत्र का जन्म हुआ जिसका नाम दशग्रीव रखा गया। उसके पश्चात् कुम्भकर्ण, शूर्पणखा और विभीषण के जन्म हुये। दशग्रीव और कुम्भकर्ण अत्यन्त दुष्ट थे, किन्तु विभीषण धर्मात्मा प्रकृति का था। दशग्रीव ने अपने भाइयों सहित ब्रह्माजी की तपस्या की। ब्रह्मा के प्रसन्न होने पर दशग्रीव ने माँगा कि मैं गरुड़, नाग, यक्ष, दैत्य, दानव, राक्षस तथा देवताओं के लिये अवध्य हो जाऊँ। ब्रह्मा जी ने 'तथास्तु' कहकर उसकी इच्छा पूरी कर दी। विभीषण ने धर्म में अविचल मति का और कुम्भकर्ण ने वर्षों तक सोते रहने का वरदान पाया।"

"फिर दशग्रीव ने लंका के राजा कुबेर को विवश किया कि वह लंका छोड़कर अपना राज्य उसे सौंप दे। अपने पिता विश्रवा के समझाने पर कुबेर ने लंका का परित्याग कर दिया और रावण अपनी सेना, भाइयों तथा सेवकों के साथ लंका में रहने लगा। लंका में जम जाने के बाद अपने बहन शूर्पणखा का विवाह कालका के पुत्र दानवराज विद्युविह्वा के साथ कर दिया। उसने स्वयं दिति के पुत्र मय की कन्या मन्दोदरी से विवाह किया जो हेमा नामक अप्सरा के गर्भ से उत्पन्न हुई थी।

विरोचनकुमार बलि की पुत्री वज्रज्वला से कुम्भकर्ण का और गन्धर्वराज महात्मा शैलूष की कन्या सरमा से विभीषण का विवाह हुआ। कुछ समय पश्चात् मन्दोदरी ने मेघनाद को जन्म दिया जो इन्द्र को परास्त कर संसार में इन्द्रजित के नाम से प्रसिद्ध हुआ।"

"सत्ता के मद में रावण उच्छृंखल हो देवताओं, ऋषियों, यक्षों और गन्धर्वों को नाना प्रकार से कष्ट देने लगा। एक बार उसने

कुबेर पर चढ़ाई करके उसे युद्ध में पराजित कर दिया और अपनी विजय की स्मृति के रूप में कुबेर के पुष्पक विमान पर अधिकार कर लिया। उस विमान का वेग मन के समान तीव्र था। वह अपने ऊपर बैठे हुये लोगों की इच्छानुसार छोटा या बड़ा रूप धारण कर सकता था। विमान में मणि और सोने की सीढ़ियाँ बनी हुई थीं और तपाये हुये सोने के आसन बने हुये थे। उस विमान पर बैठकर जब वह 'शरवण' नाम से प्रसिद्ध सरकण्डों के विशाल वन से होकर जा रहा था तो भगवान शंकर के पार्षद नन्दीश्वर ने उसे रोकते हुये कहा कि दशग्रीव! इस वन में स्थित पर्वत पर भगवान शंकर क्रीड़ा करते हैं, इसलिये यहाँ सभी सुर, असुर, यक्ष आदि का आना निषिद्ध कर दिया गया है। नन्दीश्वर के वचनों से क्रुद्ध होकर रावण विमान से उतर कर भगवान शंकर की ओर चला। उसे रोकने के लिये उससे थोड़ी दूर पर हाथ में शूल लिये नन्दी दूसरे शिव की भाँति खड़े हो गये। उनका मुख वानर जैसा था। उसे देखकर रावण ठहाका मारकर हँस पड़ा। इससे कुपित हो नन्दी बोले कि दशानन! तुमने मेरे वानर रूप की अवहेलना की है, इसलिये तुम्हारे कुल का नाश करने के लिये मेरे ही समान पराक्रमी रूप और तेज से सम्पन्न वानर उत्पन्न होंगे। रावण ने इस ओर तनिक भी ध्यान नहीं दिया और बोला कि जिस पर्वत ने मेरे विमान की यात्रा में बाधा डाली है, आज मैं उसी को उखाड़ फेंकूँगा। यह कहकर उसने पर्वत के निचले भाग में हाथ डालकर उसे उठाने का प्रयत्न किया। जब पर्वत हिलने लगा तो भगवान शंकर ने उस पर्वत को अपने पैर के अँगूठे से दबा दिया। इससे रावण का हाथ बुरी तरह से दब गया और वह पीड़ा से चिल्लाने लगा। जब वह किसी प्रकार से हाथ न निकाल सका तो रोत–रोते भगवान शंकर की स्तुति और क्षमा प्रार्थना करने लगा। इस पर भगवान शंकर ने उसे क्षमा कर दिया और उसके प्रार्थाना करने पर उसे एक चन्द्रहास नामक खड्‌ग भी दिया।"

अगस्त्य मुनि ने कथा को आगे बढ़ाया, "एक दिन हिमालय प्रदेश में भ्रमण करते हुये रावण ने ब्रह्मर्षि कुशध्वज की कन्या वेदवती को तपस्या करते देखा। वह उस पर मुग्ध हो गया और उसके पास

आकर उसका परिचय तथा अविवाहित रहने का कारण पूछा। वेदवती ने अपने परिचय देने के पश्चात् बताया कि मेरे पिता विष्णु से मेरा विवाह करना चाहते थे। इससे क्रुद्ध होकर मेरी कामना करने वाले दैत्यराज शम्भु ने सोते में उनका वध कर दिया। उनके मरने पर मेरी माता भी दुःखी होकर चिता में प्रविष्ट हो गई। तब से मैं अपने पिता के इच्छा पूरी करने के लिये भगवान विष्णु की तपस्या कर रही हूँ। उन्हीं को मैंने अपना पति मान लिया है। "पहले रावण ने वेदवती को बातों में फुसलाना चाहा, फिर उसने जबरदस्ती करने के लिये उसके केश पकड़ लिये। वेदवती ने एक ही झटके में पकड़े हुये केश काट डाले। फिर यह कहती हुई अग्नि में प्रविष्ट हो गई कि दुष्ट! तूने मेरा अपमान किया है। इस समय तो मैं यह शरीर त्याग रही हूँ, परन्तु तेरा विनाश करने के कारण मैं अयोनिजा कन्या के रूप में जन्म लेकर किसी धर्मात्मा की पुत्री बनूँगी। अगले जन्म में वह कन्या कमल के रूप में उत्पन्न हुई। उस सुन्दर कान्ति वाली कमल कन्या को एक दिन रावण अपने महलों में ले गया। उसे देखकर ज्योतिषियों ने कहा कि राजन्! यदि यह कमल कन्या आपके घर में रही तो आपके और आपके कुल के विनाश का कारण बनेगी। यह सुनकर रावण ने उसे समुद्र में फेंक दिया। वहाँ से वह भूगि को प्राप्त होकर राजा जनक के यज्ञमण्डप के मध्यवर्ती भूभाग में जा पहुँची। वहाँ राजा द्वारा हल से जोती जाने वाली भूमि से वह कन्या फिर प्राप्त हुई। वही वेदवती सीता के रूप में आपकी पत्नी बनी और आप स्वयं सनातन विष्णु हैं। इस प्रकार आपके महान शत्रु रावण को वेदवती ने पहले ही अपने शाप से मार डाला। आप तो उसे मारने में केवल निमित्तमात्र थे।

अनेक राजा महाराजाओं को पराजित करता हुआ दशग्रीव इक्ष्वाकु वंश के राजा अनरण्य के पास पहुँचा जो अयोध्या पर राज्य करते थे। उसने उन्हें भी द्वन्द युद्ध करने अथवा पराजय स्वीकार करने के लिये ललकारा। दोनों में भीषण युद्ध हुआ किन्तु ब्रह्माजी के वरदान के कारण रावण उनसे पराजित न हो सका। जब अनरण्य का शरीर बुरी तरह से क्षत–विक्षत हो गया तो रावण इक्ष्वाकु वंश का

अपमान और उपहास करने लगा। इससे कुपित होकर अनरण्य ने उसे शाप दिया कि तूने अपने व्यंगपूर्ण शब्दों से इक्ष्वाकु वंश का अपमान किया है, इसलिये मैं तुझे शाप देता हूँ कि महात्मा इक्ष्वाकु के इसी वंश में दशरथनन्दन राम का जन्म होगा जो तेरा वध करेंगे। यह कहकर राजा स्वर्ग सिधार गये।

रावण की उद्दण्डता में कमी नहीं आई। राक्षस या मनुष्य जिसको भी वह शक्तिशाली पाता, उसी के साथ जाकर युद्ध करने करने लगता। एक बार उसने सुना किकिष्किन्धापुरी का राजा बालि बड़ा बलवान और पराक्रमी है तो वह उसके पास युद्ध करने के लिये जा पहुँचा। बालि की पत्नी तारा, तारा के पिता सुषेण, युवराज अंगद और उसके भाई सुग्रीव ने उसे समझाया कि इस समय बालि नगर से बाहर सन्ध्योपासना के लिये गये हुये हैं। वे ही आपसे युद्धकर सकते हैं। और कोई वानर इतना पराक्रमी नहीं है जो आपके साथ युद्ध कर सके। इसलिये आप थोड़ी देर उनकी प्रतीक्षा करें। फिर सुग्रीव ने कहा कि राक्षसराज! सामने जो शंख जैसे हड्डियों के ढेर लगे हैं वे बालि के साथ युद्ध की इच्छा से आये आप जैसे वीरों के ही हैं। बालि ने इन सबका अन्त किया है। यदि आप अमृत पीकर आये होंगे तो भी जिस क्षण बालि से युद्ध करेंगे, वह क्षण आपके जीवन का अन्तिम क्षण होगा। यदि आपको मरने की बहुत जल्दी हो तो आप दक्षिण सागर के तट पर चले जाइये। वहीं आपको बालि के दर्शन हो जायेंगे।

सुग्रीव के वचन सुनकर रावण विमान पर सवार हो तत्काल दक्षिण सागर में उस स्थान पर जा पहुँचा जहां बालि सन्ध्या कर रहा था। उसने सोचा कि मैं चुपचाप बालि पर आक्रमण कर दूँगा। बालि ने रावण को आते देख लिया परन्तु वह तनिक भी विचलित नहीं हुआ और वैदिक मन्त्रों का उच्चारण करता रहा। ज्यों ही उसे पकड़ने के लिये रावण ने पीछे से हाथ बढ़ाया, सतर्क बालि ने उसे पकड़कर अपनी काँख में दबा लिया और आकाश में उड़ चला। रावण बार–बार बालि को अपने नखों से कचोटता रहा किन्तु बालि ने

उसकी कोई चिन्ता नहीं की। तब उसे छुड़ाने के लिये रावण के मन्त्री और अनुचर उसके पीछे शोर मचाते हुये दौड़े परन्तु वे बालि के पास तक न पहुँच सके। इस प्रकार बालि रावण को लेकर पश्चिमी सागर के तट पर पहुँचा। वहाँ उसने सन्ध्योपासना पूरी की। फिर वह दशानन को लिये हुये किष्किन्धापुरी लौटा। अपने उपवन में एक आसन पर बैठकर उसने रावण को अपनी काँख से निकालकर पूछा कि अब कहिये आप कौन हैं और किसलिये आये हैं? रावण ने उत्तर दिया कि मैं लंका का राजा रावण हूँ। आपके साथ युद्ध करने के लिये आया था। वह युद्ध मुझे प्राप्त हो चुका है। मैंने आपका अद्भुत बल देख लिया। अब मैं अग्नि की साक्षी देकर आपसे मित्रता करना चाहता हूँ। फिर दोनों ने अग्नि की साक्षी देकर एक दूसरे से मित्रता स्थापित की।"

हनुमान के जन्म की कथा

यह कथा सुनकर श्रीराम हाथ जोड़कर अगस्त्य मुनि से बोले, "ऋषिवर! निःसन्देह बालि और रावण दोनों ही भारी बलवान थे, परन्तु मेरा विचार है कि हनुमान उन दोनों से अधिक बलवान हैं। इनमें शूरवीरता, बल, धैर्य, नीति, सद्गुण सभी उनसे अधिक हैं। यदि मुझे ये न मिलते तो भला क्या जानकी का पता लग सकता था? मेरे समझ में यह नहीं आया कि जब बालि और सुग्रीव में झगड़ा हुआ तो इन्होंने अपने मित्र सुग्रीव की सहायता करके बालि को क्यों नहीं मार डाला। आप कृपा करके हनुमानजी के बारे में मुझे सब कुछ बताइये।"

रघुनाथजी के वचन सुनकर महर्षि अगस्त्य बोले, "हे रघुनन्दन! आप ठीक कहते हैं। हनुमान अद्भुत बलवान, पराक्रमी और सद्गुण सम्पन्न हैं, परन्तु ऋषियों के शाप के कारण इन्हें अपने बल का पता नहीं था। मैं आपको इनके विषय में सब कुछ बताता हूँ। इनके पिता केसरी सुमेरु पर्वत पर राज्य करते थे। उनकी पत्नी का नाम अंजना था। इनके जन्म के पश्चात् एक दिन इनकी माता फल लाने के लिये

इन्हें आश्रम में छोड़कर चली गईं। जब शिशु हनुमान को भूख लगी तो वे उगते हुये सूर्य को फल समझकर उसे पकड़ने के लिये आकाश में उड़ने लगे। उनकी सहायता के लिये पवन भी बहुत तेजी से चला। उधर भगवान सूर्य ने उन्हें अबोध शिशु समझकर अपने तेज से नहीं जलने दिया। जिस समय हनुमान सूर्य को पकड़ने के लिये लपके, उसी समय राहु सूर्य पर ग्रहण लगाना चाहता था। हनुमानजी ने सूर्य के ऊपरी भाग में जब राहु का स्पर्श किया तो वह भयभीत होकर वहाँ से भाग गया। उसने इन्द्र के पास जाकर शिकायत की कि देवराज! आपने मुझे अपनी क्षुधा शान्त करने के साधन के रूप में सूर्य और चन्द्र दिये थे। आज जब अमावस्या के दिन मैं सूर्य को ग्रस्त करने के लिये गया तो मैंने देखा कि एक दूसरा राहु सूर्य को पकड़ने जा रहा है।

"राहु की बात सुनकर इन्द्र घबरा गये और राहु को साथ लेकर सूर्य की ओर चल पड़े। राहु को देखकर हनुमान जी सूर्य को छोड़कर राहु पर झपटे। राहु ने इन्द्र को रक्षा के लिये पुकारा तो उन्होंने हनुमान जी के ऊपर वज्र का प्रहार किया जिससे वे एक पर्वत पर जा गिरे और उनकी बायीं ठुड्डी टूट गई। हनुमान की यह दशा देखकर वायुदेव को क्रोध आया। उन्होंने उसी क्षण अपनी गति रोक ली। इससे कोई भी प्राणी साँस न ले सका और सब पीड़ा से तड़पने लगे। तब सारे सुर, असुर, यक्ष, किन्नर आदि ब्रह्मा जी की शरण में गये। ब्रह्मा उन सबको लेकर वायुदेव के पास गये। वे मृत हनुमान को गोद में लिये उदास बैठे थे। जब ब्रह्मा जी ने उन्हें जीवित कर दिया तो वायुदेव ने अपनी गति का संचार करके सब प्राणियों की पीड़ा दूर की। चूँकि इन्द्र के वज्र से हनुमान जी की हनु (ठुड्डी) टूट गई थी, इसलिये तब से उनका नाम हनुमान हो गया। फिर प्रसन्न होकर सूर्य ने हनुमान को अपने तेज का सौंवा भाग दिया। वरुण, यम, कुबेर, विश्वकर्मा आदि ने उन्हें अजेय पराक्रमी, अवध्य होने, नाना रूप धारण करने की क्षमता आदि के वर दिया। इस प्रकार नाना शक्तियों से सम्पन्न हो जाने पर निर्भय होकर वे ऋषि–मुनियों के साथ शरारत करने लगे। किसी के वल्कल फाड़ देते, किसी की

कोई वस्तु नष्ट कर देते। इससे क्रुद्ध होकर ऋषियों ने इन्हें शाप दिया कि तुम अपने बल और शक्ति को भूल जाओगे। किसी के याद दिलाने पर ही तुम्हें उनका ज्ञान होगा। तब से उन्हें अपने बल और शक्ति का स्मरण नहीं रहा। बालि और सुग्रीव के पिता ऋक्षराज थे। चिरकाल तक राज्य करने के पश्चात् जब ऋक्षराज का देहान्त हुआ तो बालि राजा बना। बालि और सुग्रीव में बचपन से ही प्रेम था। जब उन दोनों में बैर हुआ तो सुग्रीव के सहायक होते हुये भी शाप के कारण हनुमान अपने बल से अनजान बने रहे।" हनुमान के जीवन की यह कथा सुनकर सबको बड़ा आश्चर्य हुआ।

जब अगस्त्य तथा अन्य मुनि अयोध्या से विदा होकर जाने लगे तो श्रीराम ने उनसे कहा, "मेरी इच्छा है कि पुरवासी और देशवासियों को अपने–अपने कार्यों में लगाकर मैं यज्ञों का अनुष्ठान करूँ। आपसे प्रार्थना है कि आप सब उन यज्ञों में अवश्य पधारकर भाग लेने की कृपा करें।" सब ऋषियों ने उसमें भाग लेने की अपनी स्वीकृति प्रदान की। फिर वे वहाँ से विदा होकर अपने–अपने आश्रम को चले गये।

अभ्यागतों की विदाई

अब श्री रामचन्द्र जी नियमपूर्क प्रतिदिन राजसभा में बैठकर राजकाज संभालकर शासन चलाने लगे। कुछ दिन पश्चात् राजा जनक ने विदा होकर मिथिला के लिये प्रस्थान किया। इसके पश्चात् कैकेय नरेश युधाजित, काशिराज प्रतर्दन तथा अन्य आगत राजा महाराजा भी विनयपूर्वक अयोध्या से विदा हुये। फिर उन्होंने सुग्रीव, हनुमान, अंगद, नील, नल, केसरी कुमुद, गन्धमादन, सुषेण, पनस, वीरमैन्द, द्विविद, जाम्बवन्त, गवाक्ष, विनत, धूम्र, बलीमुख, प्रजंघ, सन्नाद, दरीमुख, दधिमुख, इन्द्रजानु तथा अन्य वानर यूथपतियों को नाना प्रकार के वस्त्राभूषण–रत्नादि देकर सम्मानित किया और उनकी भूरि–भूरि प्रशंसा करके उन्हें विदा किया।

फिर वे विभीषण को विदा करते हुये उनसे बोले, "राक्षसराज!

तुम धर्मपूर्वक लंका पर शासन करना। तुम धर्मात्मा हो। मुझे विश्वास है कि तुम कभी धर्म विरुद्ध कोई कार्य नहीं करोगे। अपनी प्रजा का पुत्रवत् पालन करना।"

विदा होने से पहले हनुमान बोले, "प्रभो! मुझे ऐसा वर दीजिये कि आपके प्रति मेरी अटूट भक्ति सदा बनी रहे। आपके सिवा कहीं और मेरा आन्तरिक अनुराग न हो। इस पृथ्वी पर जब तक राम कथा प्रचलित रहे, तब तक मेरे प्राण इस शरीर में ही बसे रहें।"

हनुमान की बात सुनकर श्रीराम ने उन्हें ह्रदय से लगा लिया और बोले, "ऐसा ही होगा।" संसार में जब तक मेरी कथा प्रचलित रहेगी, तब तक तुम्हारे प्राण भी तुम्हारे शरीर में बने रहेंगे। तुमने जो उपकार किये हैं, उनके लिये मैं सदा तुम्हारा ऋणी रहूँगा।" फिर वे सब लोग श्रीराम का गुणगान करते हुये वहाँ से विदा हुये।

विभीषण, सुग्रीव, हनुमान आदि के विदा हो जाने पर भरत बोले, "राघव! आपको राजसिंहासन पर बैठे एक मास हुआ है। इस अवधि में सभी लोग स्वस्थ और निरोग दिखाई देते हैं। बूढ़े आदमियों के पास भी मृत्यु फटकने में हिचकती है। सभी बाल–युवा नर–नारियों के शरीर ह्रष्ट–पुष्ट और कान्तिमय प्रतीत होते हैं। मेघ समय पर अमृत के समान जल बरसाते हैं। हवा ऐसी चलती है कि उसका स्पर्श सुखद और शीतल जान पड़ता है।" भरत की ये बातें सुनकर श्रीराम अत्यन्त प्रसन्न हुये।

4

महर्षि वाल्मीकि के अनमोल वचन!

भारत के ऐसी भूमि है जहां पर समय–समय पर कई संत महात्माओं ने जन्म लेकर अपने अच्छे कर्मों से दुनिया के लोगों को बेहतर जीवन के लिए प्रेरित किया है। इसलिए भारत भूमि को देवभूमि कहा जाता है। इन्हीं संत महात्माओं में महर्षि वाल्मीकि भी एक थे। महर्षि वाल्मीकि संस्कृत के महान कवि थे और संस्कृत के लौकिक छंदों के आदिकवि के रूप में भी जाने जाते हैं।

महर्षि वाल्मीकि के अनमोल वचन निम्नलिखित हैं:

- जननी और जन्मभूमि स्वर्ग से भी महान है।
- मनुष्य का आचरण ही बतलाता है कि वह कुलीन है या अकुलीन, वीर है या कायर अथवा पवित्र है या अपवित्र।
- दृढ़संकल्प लेकर आप कोई भी काम आसान कर सकते हो।
- जीवन में सदैव सुख ही मिले यह बहुत दुर्लभ है।
- सत्य ही सबका मूल है और सत्य से बढ़कर कुछ भी नही है।

- सीते, पिता की सेवा करना जैसा कल्याणकारी है, वैसा उत्तम साधन न सत्य है, न दान–सम्मान है और न प्रचुर दक्षिणा वाले ही है।
- होनी के प्रति दुःख मनाना कायरता और अज्ञान है।
- आपकी जन्मभूमि और जननी स्वर्ग से भी बढ़कर है।
- दुख और विपदा जीवन के दो ऐसे मेहमान हैं, जो बिना निमंत्रण के ही आते हैं।
- अतिसंघर्ष से चंदन में भी आग प्रकट हो जाती है, उसी प्रकार बहुत अवज्ञा किए जाने पर ज्ञानी के भी हृदय में भी क्रोध उपज जाता है।
- माता पिता की सेवा और उनकी आज्ञा पालन जैसा धर्म कोई नही है।
- पिताजी, आप अधिक सोच–विचार न कीजिए। धन धान्य, राष्ट्र और प्रजा सहित यह धरती आप भरत को दे दीजिए, मुझे राज नहीं चाहिए।
- दुखी व्यक्ति प्रत्येक पाप कर सकता है।
- किसी वादे को तोड़ने से आपके सारे अच्छे कर्म नष्ट हो जाते हैं।
- संसार में ऐसे लोग थोड़े ही होते हैं, जो कठोर किंतु हित की बात कहने वाले होते हैं।
- संत दूसरों को दुःख से बचाने के लिए कष्ट सहते रहते हैं, दुष्ट लोग दूसरों को दुःख में डालने के लिए।
- जन्म देने वाली मां और जन्मभूमि स्वर्ग से भी बढकर होता है।
- विवाह योग्य स्त्रियां प्रत्येक देश में मिल सकती हैं।

मित्र–परिजन भी प्रत्येक देश में प्राप्त हो सकते हैं। किन्तु मुझे कोई ऐसा देश दिखाई नहीं पड़ता, जहां सहोदर भाई मिल सकते हों।

- पराये धन का अपहरण, पर स्त्री के साथ संसर्ग, सुहृदों पर अतिशंका – ये तीनों दोष विनाशकारी है।
- किसी भी व्यक्ति से मोह रखना आपको दुःख दे सकता है।
- किसी भी मनुष्य की इच्छाशक्ति अगर उसके साथ हो तो वह कोई भी काम बड़े आसानी से कर सकता है। इच्छाशक्ति और दृढ़संकल्प मनुष्य को रंक से राजा बना देती है।
- नीच की नम्रता अत्यंत दुखदायी है, अंकुश, धनुष, सांप और बिल्ली झुककर वार करते हैं।
- सहयोग करने वाले और सबसे मिलकर रहने वाले की सदैव जीत होती है।
- क्रोध ही व्यक्ति के समस्त सद्‌गुणों का नाश करता है। इसलिए क्रोध का त्याग करो।
- पुरुषार्थ किये बिना भाग्य का निर्माण नहीं हो सकता।
- संघर्ष से आप महान बन सकते हैं। आगे बढ़ना है तो संघर्ष जरूरी है।
- माया के दो भेद हैं – अविद्या और विद्या।
- जो लोग गलत रास्ते पर चलते हैं, उन्हें कभी भी सच्चा ज्ञान नहीं प्राप्त होता है।
- प्रण को तोड़ने से पुण्य नष्ट हो जाते हैं।
- अगर आपके अंदर उत्साह होगा तो आप असम्भव काम को भी संभव बना सकते हैं।
- किसी के साथ अत्यंत प्रेम न करो और प्रेम का सवर्था

अभाव भी न होने दो, क्योंकि ये दोनों ही महान दोष है, अतः मध्यम स्थिति पर ही दृष्टि रखो।

- संतोष नन्दनवन है तथा शांति कामधेनु है। इस पर विचार करो और शांति के लिए श्रम करो।
- मन इच्छित वस्तु को प्राप्त करने के बाद भी ठीक वैसे ही कभी संतुष्ट नहीं होता, जैसे छिद्रयुक्त पात्र को कितना भी जल डाल कर भरा नहीं जा सकता।
- मित्र बनाना सरल है, मैत्री पालन दुष्कर है। चितों की अस्थिरता के कारण अल्प मतभेद होने पर भी मित्रता टूट जाती है।
- बिना अच्छे चरित्र के आप महान नहीं बन सकते।
- असत्य के समान पातक पुंज नहीं है। समस्त सत्य कर्मों का आधार सत्य ही है।
- दुःख और संकट की घड़ी हमेशा बिना बताये और बिना बुलाये ही आते हैं।
- महत्वाकांक्षा से युक्त मन सदैव रिक्त रहता है। इसीलिए वह ठीक उसी प्रकार कहीं भी शांति प्राप्त नहीं करता, जैसे अपने समूह से बिछुड़ कर हिरण अशांत होता है।
- उत्साह, सामर्थ्य और मन में हिम्मत न हारना दृ ये कार्य की सिद्धि कराने वाले गुण कहे गये है।
- किसी के लिए घृणा का भाव अपने मन में रखने से आप खुद मैले हो जाते हो।
- प्रियजनों से भी मोहवश अत्यधिक प्रेम करने से यश चला जाता है।
- माता पिता की सेवा करना सदैव कल्याणकारी होता है।

- आप साहसी या कायर, गुणवान है या दोष से भरे हुए.. यह आपका चरित्र से दिख जाता है।
- सारे पुण्यों और सद्गुणों की जड़ सत्य है।
- जिस प्रकार चुहिया प्रत्येक दिन थोडा–थोडा खोद कर ध ारती में अपना बिल बनाती है, उसी प्रकार काल प्राणियों के जीवन को क्षण–प्रतिक्षण समाप्त करता जाता है।
- सेवा से शत्रु भी मित्र हो जाता है।
- अगर आप किसी के सेवा के लिए अपना बल लगाते है तो वह बल अमर है।
- दुखी लोग कौन सा पाप नही करते है?
- जो व्यक्ति वीर और बलवान होते है, वे जलहीन बादलों के समान खाली गर्जना नही करते है।
- किसी व्यक्ति से ज्यादा मोह रखना भी दुःख का कारण बन सकता है।
- सेवा के लिए उपयोग किया बल हमेशा टिकेगा और अमर होगा।
- परमात्मा ने जो कुछ तुमको दिया है, तुमको चाहिए कि उसके लिए परमात्मा के प्रति अपनी कृतज्ञता प्रकट करो। इस विषय में तुम्हे कृतघ्न नहीं होना चाहिए।
- तुम्हें गर्व, अहंकार और कुटिलता का परित्याग करना चाहिए। तुम्हें दूसरों की आलोचना की कभी चिंता नहीं करनी चाहिए।
- नारी के लिए वास्तव में उसका पति ही सम्पूर्ण आभूषण है। उससे पृथक रहकर वह कितनी भी सुंदर क्यों न हो सुशोभित नहीं होती।

- जो व्यक्ति अपने पक्ष को छोड़कर दुसरो के पक्ष में मिल जाता है फिर उस पक्ष के नष्ट होने पर वह खुद ही नष्ट हो जाता है।
- संघर्ष से ही आप महान बन सकते है। यदि जीवन में आगे बढना है तो तो संघर्ष करना भी जरूरी है।
- प्रियजनों सेमोहवश अत्यधिक प्रेम से यश भी चला जा सकता है।
- संत पुरूष हमेशा लोगों को दुःख से बचाने के लिए कष्ट सहते हैं। जबकि दुष्ट प्रवित्ति के लोग दूसरों को हमेशा दुःख में डालने के लिए ही जीते हैं।
- सदा सुख ही सुख दुर्लभ है।
- स्त्री या पुरुष के लिए क्षमा ही अलंकार है।
- सहयोग और समन्वय की सदैव जीत होती है।
- राजा को आदर्श व सच्चरित होना चाहिए। क्योंकि वह प्रजापालक कहलाता है।
- अच्छे स्वाभाव वाले लोग अपने घर के सोने गहनों और मित्र में कोई फर्क नही समझते हैं।
- जैसा राजा का आचरण होता है ठीक वैसा ही प्रजा भी आचरण करती है।